Marine Sports, Skin Diving

해양스포츠
스킨 다이빙

유동균 · 정수봉 공저

도서출판 진영사

해양스포츠 스킨 다이빙

유동균, 정수봉 공저

2017년 09월 18일 초판 인쇄
2017년 09월 20일 초판 발행

발행인 박 진 영
발행처 도서출판 진영사
인천광역시 부평구 부평동 134-16 태승빌딩 4층
전화: 032)505-4207
팩스: 032)505-4206
E-mail: 0183734207@hanmail.net
등록: 122-91-77317

ISBN 978-89-6541-336-3 93690
값 12,000원

책을 펴내며....

학창시절 수영선수 출신 아버지에게 수영을 배우며 매년 여름이면 아버지와 함께 오리발을 신고 바다에 들어가 조개도 잡고 다이빙을 즐기며 행복한 어린 시절을 보낸 기억이 생생하다.

나의 어린 시절 물놀이 기억은 학창시절 수영선수를 마치고 사회에 나와서도 수영강사와 스킨스쿠버 강사로 활동하게 만들었고, 해양레저스포츠를 주제로 박사학위 논문까지 쓰게 만들었다.

자신이 가장 좋아하고 즐기는 일을 하면 그 것이 행복이고, 성공이라고 생각하며 지금까지 살아 온 나에게 스킨다이빙은 행복한 스포츠레저 활동이며, 그러한 이유가 책을 쓰게 만든 동기이다.

스킨다이빙을 현장에서 가르치고, 사람들과 함께 즐길 때 느끼는 만족감과 행복감 때문에 스킨다이빙에 대한 보다 일반적 관점의 책이 필요하다는 생각을 하게 만들었다. 많은 사람들이 스킨다이빙은 수영을 잘해야 할 수 있는 스포츠로 인식하고 있지만 사실은 그렇지 않다. 15년 이상 수영과 스킨스쿠버를 가르친 경험을 생각해 보면 수영과 스킨다이빙은 서로 관계가 있지만 그 관계가 절대적으로 영향을 미친다고 생각하지는 않는다. 수영은 물 위를 떠서 속도를 즐기는 스포츠 종목 이라면, 스킨다이빙은 스킨장비를 착용하고 물에서 여유와 여가시간을 즐기는 스포츠레저이기 때문에 서로의 영역은 다소 차이가 있다.

몇 년 전 어느 연예인이 아름다운 해외의 열대바다에서 스킨다이빙을 하며 해산물을 잡고, 해양레저스포츠를 즐기는 TV프로그램 때문에 스킨다이빙 생활체육인구가 급속도로 늘어나 국내 다이빙 풀 이용객이 폭발적으로 늘어나고 있는 실정이다. 하지만 다이빙 풀에 갈 때마다 느낀 점은 안전문제와 함께 스킨다이빙을 쉽게 가르치는 부분에서 많은 아쉬움을 느끼고 있었다. 따라서 이 책은 스킨다이빙을 최대한 쉽게 설명하고 글 보다는 사진을 통해서 일반인들이 쉽게 이해하고 안전하게 즐기는데 기초가 되길 바라는 마음으로 집필 하였다.

스포츠를 공부하고 연구하며 항상 느끼는 부분은 스포츠실기 종목에 대한 다양한 책이 부족하다는 생각이다. 스포츠실기 종목에 대한 전문서적이 대부분인데 앞으로 일반인들이 좀 더 쉽게 생활스포츠로 접근하고 배울 수 있는 다양한 실용 스포츠실기 서적의 출판과 연구에 평생을 바쳐도 여한이 없을 것 같다.

끝으로 인생의 수많은 고난 속에서도 지금의 저를 만들어 주시고, 늘 무한의 사랑으로 옆에서 힘이 되어주는 저의 어머니 김성남 여사에게 감사의 마음을 표현하고 싶다.

"어머니! 정말 감사드리고, 많이 사랑합니다!"

명지대학교 스포츠레저교육 연구실에서

유 동 균 교수

목 차

chapter 1. 스킨다이빙 기초(이론 편)

chapter 2. 스킨다이빙 쉽게 배우기(실천 편)

chapter 1

스킨다이빙 기초 -이론 편-

1. 해양스포츠의 의미
2. 스킨다이빙을 알고 즐기자
3. 스킨스쿠버다이빙 환경
4. 공기와 물속의 압력
5. 스킨다이빙 장비
6. 스킨다이빙 주의사항

chapter 1

스킨다이빙 기초 -이론 편-

1. 해양스포츠의 의미

해양스포츠는 스포츠(체육) 이상으로 하는 지·덕·체의 덕목을 순도 높게 함축하고 있다. 또한 해양스포츠를 통한 사회화를 촉진시킬 수 있는 요소까지도 두루 갖추고 있기 때문에 뭍의 스포츠보다 오히려 신체적·정서적 효과가 높다고 볼 수 있다(지삼업, 2011). 이처럼 해양스포츠가 가지고 있는 의미와 가치는 단순한 신체활동을 넘어서 해양 이라는 자연환경 속에서 펼쳐지는 스포츠로서 새로운 관점과 사회적 가치가 매우 높다고 생각한다.

인류의 역사를 살펴보면 인간은 자연과 함께 발전해 왔고, 앞으로도 자연의 도움 없이는 지속 가능한 발전을 만들어내기 어렵다. 스포츠 분야도 자연과 함께하는 분야의 성장 잠재력은 무궁무진 하다고 생각하며, 그 중 해양스포츠는 인간의 발전과 더불어 발전 가능성이 가장 높은 분야라고 할 수 있다.

주 5일 근무제도와 개인의 경제적 여건이 좋아지면서 생활체육 인구가 증가하였고, 해양스포츠 역시 일상에서 벗어나 여가를 즐기기에 가장 적합하여 그 성장세가 두드러지고 있다. 육상에서 이루어지는 스포츠에서 해양

에서 이루어지는 스포츠가 발전하는 시대가 되었으며, 각 지방자치단체들의 해양환경 정비사업과 맞물려 발전 속도가 빨라지고 있다.

해양레저스포츠는 세계와 특히 우리나라에서 최근 젊은 층으로부터 많은 관심이 부각되고 있는데 이 같은 경향을 보이는 이유는 해양레저스포츠가 갖는 본질적 특성이 모험과 도전을 즐기면서 자연과 공존하여 활동하는 것이기 때문이라고 하였다(임기현, 2011). 이처럼 해양스포츠는 자연을 배경으로 즐기며, 도전하는 특성을 가지고 있어 그 의미가 크고, 넓다고 판단한다.

지삼업(2011)은 해양스포츠는 자연·모험적인 스포츠로서 오늘날 직장생활, 가정생활, 사회생활 등 사회전반에 걸쳐 여러 형태로 영향을 미치고 있고, 이러한 해양스포츠의 기능은 여섯 가지가 있다고 설명하고 있다.

첫째, 해양스포츠 활동을 함으로써 일상생활에서 느껴보지 못한 청량감을 느낄 수 있다.

둘째, 해양스포츠 활동은 건강의 유지 및 증진에도 도움을 주기 때문에 여러 가지 질병을 예방할 수 있는 등 예방의학적 기능이 있다.

셋째, 작업의 단조로움과 반복, 사회에서의 반복되는 생활, 노동의 자동화로 인한 인간소외와 자기상실 등의 정신적(고독, 욕구불만, 좌절감, 정서불안)·육체적(피로, 질병 등) 스트레스를 말끔히 해소시켜준다.

넷째, 자신의 직업과 관계없이 취미, 특기를 살릴 수 있으며, 급변하는 사회 속에서 창조적인 삶을 영위하며, 해양스포츠 활동에 자발적으로 참여함으로써 자신과 사회의 발전에 필요한 체력을 비롯하여 특히, 직장인들에게 요구되는 유연성과 창의성 배양에 매우 효과적인 프로그램이다.

다섯째, 해양스포츠 활동을 함으로서 사회 속에서 자신의 위치를 깨닫게 하고, 조화로운 인간관계를 길러주며, 자신의 개성을 살릴 수 있다. 더군다나 개인 간, 단체 간의 벽을 허물며 원만한 대인관계를 유지시켜준다. 실제로 영국 캠브리지와 옥스퍼드, 미국 하버드와 예일, 일본 게이오와 와세다

대학 조정팀의 역대 졸업생들의 직장생활 기여도를 보면, 해양조정과 같은 집단적인 해양스포츠 활동을 통해 배양된 협동심은 조직사회에 업무효율성을 높여 주는 수단으로 작용하고 있음이 입증되고 있다.

여섯째, 양질의 해양체험관광 프로그램(스포츠형 · 레저형 · 관광형)은 스포츠형인 각종 해양스포츠의 적극 도입에 있다. 지금껏 해양체험관광은 여가형인 해수욕, 조개잡이, 모래찜질을 비롯하여 관광형인 유람선, 잠수정 승선이 대종을 이뤄왔다. 그러나 그런 프로그램들에 해양체험관광객들은 식상해 하고 있는 실정이다. 따라서 해양체험관광 활성화를 통한 고부가가치 창출 기대에 해양스포츠의 기능은 절대적 이라고 주장하고 있다. 해양스포츠는 이제 눈으로만 보고, 느끼는 체험 형태에서 벗어나 직접 경험하고, 경험을 통하여 육체적 · 정신적 힘을 키우고, 스트레스를 해소하며 즐거움을 찾는 방향으로 변화하고 있다.

해양스포츠는 스포츠사회화를 위한 조건들을 지니고 있기 때문에 다른 스포츠처럼 공동체 의식을 쉽게 가질 수 있는 특성을 지나고 있으며, 또한 물에서 행해진다는 특수성 때문에 더욱 많은 사람들로부터 호기심을 불러 일으킬 수 있다. 특히, 자연을 헤쳐 나가는 것이므로 사람들 사이의 충돌로 인하여 일어날 수 있는 불필요한 감정싸움이 일어날 여지를 최소화 할 수 있다는 장점도 가진다. 그리고 공동협력체적인 특성을 지니고 있기 때문에 스포츠사회화면에서 긍정적인 결과를 낳을 수 있다(노재헌, 2010).

현대사회에서 해양레저스포츠가 주목 받고 있는 이유는 여러 가지가 있겠지만 지구온난화와 급격한 도시화로 인하여 다양한 레저 활동을 자연과 함께 즐기려는 일반인들에 의해서 육상뿐만 아니라 해양이라는 색다른 공간에 대한 인식의 변화에서 이루어지고 있다고 사료된다(유동균, 2013). 이처럼 해양이라는 매력적인 자연 공간에서 스포츠를 도전하고, 즐기며 자아를 성찰하는 과정을 사람들에게 전파할 필요성을 느낀다.

해양레저스포츠는 아름다운 자연을 배경으로 즐기는 매력적인 스포츠라고 생각하며, 관광산업과 지역 특성화 등 다양한 산업과 융합이 가능하다. 따라서 여러 전문가들이 함께 발전 할 수 있는 방법을 연구, 개발 한다면 미래의 중요한 자원으로 발전 할 것이며(유동균, 2013), 해양스포츠와 관련된 다양한 연구를 통하여 많은 사람들과 해양스포츠의 의미와 가치를 함께 공유하길 기대한다.

2. 스킨다이빙을 알고 즐기자

현대 산업의 발달과 생활수준의 질적 향상, 여가시간의 증대로 해양레저스포츠에 대한 관심이 점차 고조되고 있다. 활동성 및 비활동성 동호인을 모두 합쳐 약 30만명 정도가 자격증(라이센스)를 소지하고 있으며, 수상스키, 모터보트, 해양래프팅 등의 해양레저스포츠 참여인구도 급증하는 추세이다. 특히 우리나라는 삼면이 바다로 둘러싸여 해양의 환경보존과 해양활동에 대한 관심이 갈수록 고조되고 있을 뿐만 아니라 해양레저스포츠를 즐기기에 양호한 자연조건과 해양산업을 바탕으로 국가경쟁력을 도모하고 국민 삶의 질 향상에 높은 관심을 보이고 있다. 이와 함께 국민소득 증가 및 여가시간의 증대 그리고 여가활동으로 스포츠 참여에 대한 인식전환, 여가활동의 고급화로 해양을 레저스포츠의 장소로 적극 이용하고 있다. 이처럼 여가시간의 증대와 경제적 여건개선은 국내를 비롯한 해외에서도 해양관광 및 해양활동 관심이 높아지고 이는 체험하는 참여형태로 확대되는 추세이다.

출처: http://km.sanjosenewhope.org/2015/03/15/

〈사진 1〉 아름다운 바다

해양레저스포츠는 해상, 해변, 해저에서 행해지는 모든 형태의 스포츠를 의미하며, 포괄적으로는 바다, 강, 호수에서 동력, 무동력, 피견인 등의 각종 장비를 이용하여 이루어지는 스포츠형 해양스포츠와 레저형 해양스포츠, 해양레크리에이션 활동을 모두 포괄하는 광의적 개념으로 정의할 수 있다(지삼엽, 2006). 특히, 해양레저스포츠의 꽃이라고 불리는 스킨다이빙은 최근 급속하게 인기를 모으고 있는 해양레저스포츠의 하나이다. 보통 스쿠버다이빙을 입문하기 전 단계의 선행 교육과정으로 진행되고 있지만, 요즘에는 스킨다이빙만 전문으로 배우는 일반인 및 동호회들이 증가하고 있다. 스킨다이빙은 성별 구분 없이 어느 연령이든 가볍게 즐길 수 있으며, 어린이나 노약자 등 건강상의 이유로 스쿠버다이빙을 하지 못하는 사람들에게 가장 적합한 해양레저스포츠이다.

스킨다이빙은 여행 및 관광을 갔을 때 고가의 장비를 필요로 하는 스쿠버다이빙과는 달리 간단한 장비 구성과 쉽고 빠르게 배울 수 있다는 장점이 있다.

1장에서는 조금 지루하고, 어려운 이론과 안전에 관하여 소개 하지만 스킨다이빙을 안전하게 즐기기 위한 꼭 필요한 기초지식 이라고 생각하며 여러분도 즐거운 스킨다이빙을 즐기기 위하여 1시간만 투자하여 기초이론에 대한 부분을 이해하고 스킨다이빙을 즐기길 바란다.

(1) 스킨다이빙이란?

스킨다이빙(Skin Diving)은 마스크(Mask)와 스노클(Snorkel) 그리고 핀(Fin)을 착용하고 수영을 하거나 다이빙을 하는 레저스포츠로 일반적인 수영이나 수심이 있는 바다에서 특수 장비를 착용하고 하는 스쿠버다이빙(Scuba Diving)하고는 구별된다.

출처: http://www.nbdivers.com/skindiver/

〈사진 2〉 스킨다이빙

스킨다이빙은 마스크, 스노클, 핀을 착용하여 수면에 떠서 물 밑을 탐험하는 방법과 무호흡 잠수, 자맥질 잠수, 프리다이빙과 같이 숨을 참고 물속으로 잠수하는 다이빙을 의미한다. 장비가 간단하고 쉽게 적할 수 있는 반면 자신의 폐안의 공기만을 활용하여 다이빙을 하기 때문에 물속에 머무르는 시간이 극히 제한적이다.

출처: http://www.nbdivers.com/skindiver/

〈사진 3〉 스킨다이빙

반면에 스쿠버다이빙(Scuba Diving: Self-Contained Underwater Breathing Apparatus)은 물속에서 호흡을 할 수 있는 장비를 몸에 착용을 하고 물속으로 들어가는 다이빙으로 스킨다이빙보다 많은 특수 장비를 착용을 필요로 한다. 특수 장비로는 압축공기통(Cylinder) + 부력조절기(BC : Buoyancy Compensator) + 호흡기 (Regulator) + 게이지(Gauce : 잔압계, 수심계, 나침반, 다이브컴퓨터 등)을 세팅한 장비를 말한다.

출처: http://www.nbdivers.com/skindiver/

〈사진 4〉 스쿠버다이빙

스킨다이빙에서 진화한 다이빙은 프리다이빙이며 스킨다이빙처럼 특수 장비 없이 수심(20m~60m)까지 무호흡으로 잠수를 할 수 있으며 서계적인 선수들은 100m 이하까지 들어갈 수 있다. 스쿠버다이빙의 경우 특수 장비를 착용하고 보통 40m 수심까지 하강하지만 테크니컬 다이빙의 경우 여러 개의 실린더와 다양한 혼합기체(나이트록스, 산소, 트라이믹스 등)를 사용하여 보다 깊은 수심(40m~100m) 또는 동굴, 난파선 속까지 잠수를 할 수 있다.

출처: http://www.afia.kr/admin/bbs/board.php?bo_table

〈사진 5〉 프리다이빙

출처: https://uk.pinterest.com/explore/technical-diving/

〈사진 6〉 테크니컬 다이빙

(2) 스킨다이빙에 필요한 조건

다양한 해양레저스포츠 중에서도 스킨다이빙은 육지에서 경험해 보지 못한 새로운 환경인 바다 속의 숨겨진 신비로움과 아름다움을 경험하고 체험할 수 있는 해양레저스포츠 중의 하나이다. 우리나라는 2007년 이후 체험다이빙을 포함한 1년에 5만 명 이상이 다이빙에 입문을 하고 있으며, 선진국인 미국은 새로 입문하는 인구가 30만 명 이상이란 수치와 비교하였을 때 우리나라의 새로 입문하는 다이빙 인구는 결코 적은 수가 아니다(김우형, 2013).

이렇듯 국내 다이빙 인구는 점차 늘어나는 추세이며, 이러한 다이빙산업의 지속적인 발전을 위해서 다이빙 종목의 특성상 수중에서 이루어지고 있는 스포츠레저로 안전에 대하여 항상 인지하고 숙지하고 있어야 한다. 이에 스킨다이빙을 재미있고 안전하게 즐기기 위해 필수적으로 숙지해야 하는 조건이 있다.

1) 지식 & 기술

스킨다이빙은 물이라는 특수한 공간에서 이루어지는 스포츠로써 이와 관련된 지식들이 필요하다. 스킨다이빙을 하는 동안 본인의 안전을 유지하면서 즐거움을 느끼기 위해서는 평소의 경험으로 얻을 수 없는 일정 정도의 지식을 반드시 알아야 한다. 예를 들어 수심에 따른 몸의 생리적 변화를 알지 못한다면 그 사람은 다이빙 중 몸에 이상을 느껴 편안하고 안전한 다이빙을 즐기지 못할 것이다. 또한 다이빙 중 일어나는 물리적인 변화에 대해 올바르게 이해해야 안전하고 편안한 다이빙 활동이 보장된다. 이외에도 다이빙 전에 습득해야 하는 관련 지식들이 많이 있다. 자세한 정보들은 본 책에 단계적으로 설명되어 있다. 사전에 관련 지식들을 잘 습득하여 본인의 지식으로 만들어야 안전하게 다이빙을 즐길 수 있을 뿐만 아니라 함께 하는 친구, 동료, 가족들이 위험한 상황에 처했을 경우 신속하게 대처하여 2차 사고를 사전에 예방할 수 있다.

아울러 수중에서 이루어지는 모든 기본적인 기술들을 자신의 것처럼 습득해야 한다. 마스크 클리어링, 스노클 물빼기, 장비 탈부착, 부력 조절 등과 같은 기본 기술을 몸에 익숙하게 하여 언제 어디서 발생할지 모르는 응급상황에서 당황하지 않고 차분히 본인의 장비를 점검하고 재정비하여 보다 재미있고 편안한 다이빙을 즐길 수 있어야 한다.

2) 장비 & 경험

모든 스포츠와 마찬가지로 스킨다이빙도 수중에서 사용하는 스킨다이빙 장비를 사용을 한다. 이러한 장비를 사용하는 이유는 수중의 특수한 환경을 즐기고 탐험하기 위해서 이다. 이에 수중이라는 대자연을 안전하고 편안하게 탐험하기 위해서는 올바른 장비의 선택, 장비 사용법, 유지 및 관리를 잘 숙지하여야 장비를 오해 사용할 수 있다. 아울러 본인의 개인 장비를 사용하여 수중에서의 안전 확보를 바탕으로 즐겁고 편안하게 다이빙을 즐겨야 한다.

장비와 함께 중요한 요인은 바로 경험이다. 다이빙 관련 지식 및 기술 등 앞에서 언급한 중요 요인들이 모두 경험으로부터 나온다. 보다 많은 경험은 수중에서 위급한 상황 발생 시 신속히 대처할 수 있는 능력이며, 수중 환경에서 본인의 안전 확보는 단언컨대 경험에서 나온다. 많은 다이빙을 통해 충분한 경험을 쌓는 것이 중요하다.

3. 스킨스쿠버다이빙 환경

스킨스쿠버다이빙의 주요 활동 무대는 바다이다. 바다는 지구 표면 위에 존재하는 소금기를 머금은 거대한 물 덩어리이다. 대한민국은 삼면이 바다로 둘러싸여 있는 나라이다. 삼면이 바다지만 위치에 따라 바다의 환경이 모두 다르다. 지형적, 위치적 영향에 따른 환경변화는 압력의 변화, 수중에서의 빛과 소리의 전달, 열전도율의 변화 등을 느끼게 된다.

변화무쌍한 수중 환경에서 발생할 수 있는 환경에 대해 알아보고 인체의 생리적 반응과 다이빙 중 일어나는 물리적인 변화와 반응에 대해 알아보자.

(1) 물속에서의 시각적인 반응

물속에서는 빛이 공기 중에서 보다 훨씬 느리게 진행한다. 그리고 빛은 공기 중에서 물속으로 들어갈 때 속도도 느려지지만 진행방향도 변하게 된다. 이렇게 진행방향이 변하는 현상을 굴절이라고 하며 그 때문에 물체가 원래의 모양과 다르게 보이는 것이다. 바다에서 잠수할 때 태양광선에만 의존해서 볼 수 있는 색상은 몇가지 되지 않는다. 그 이유는 물속에서 대부분의 열선과 빨간색, 주황색, 노란색 등이 흡수되어 버리기 때문이다.

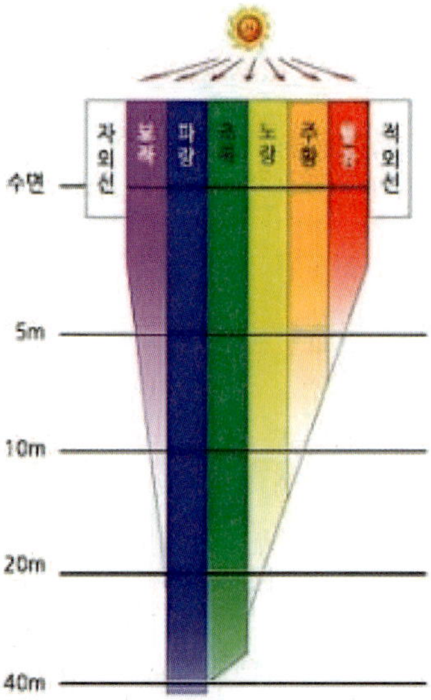

출처: http://nam.dafara.com/bbs/

〈사진 7〉 수중에서의 빛과 굴절

이러한 색들은 잠수를 하면서 물밑으로 내려가는 도중에 가장 먼저 없어지는 색상들이다. 좀 더 깊이 내려가면 전등을 사용하지 않고는 청색이나 회색계통의 색상들만 볼 수 있다. 그렇지만 깊은 수심이라도 수중전등을 켜 면 다양한 색상들을 볼 수 있다. 대부분의 수중사진들은 수중세계의 장엄한 진짜 색들을 보여주기 위해서 인공광선을 사용해서 만들어진다. 그럼, 물속에서 발생하는 시각적인 반응에는 어떤 것들이 있는지 알아보자.

1) 굴절

빛은 서로 밀도가 다른 물질을 통과하면서 꺾이는 현상을 보이는데, 이를 굴절이라 한다. 이러한 굴절 현상은 수면에서 물속의 물체를 내려다 볼 때, 그리고 수중에서 마스크를 쓰고 물체를 바라볼 때 약 25% 정도 크고 가깝게 보이도록 한다. 다이빙 도중 자신의 손이나 오리발을 보면, 물 밖에서 볼 때와 달리 매우 크게 보이는 현상이 이러한 굴절 때문인 것이다.

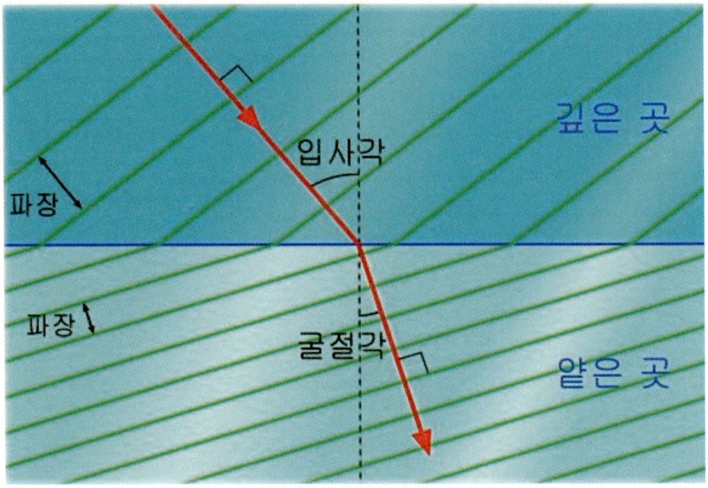

출처: http://m.blog.naver.com/toshizo/220687622664

〈사진 8〉 빛의 굴절

2) 확산

물에는 눈에 잘 보이지 않는 미세한 작은 입자들이 무수히 많은데, 이런 입자들에 부딪힌 빛은 방향을 바뀌고 흩어지게 된다. 이로써 빛이 수중을 통과할 수 있는 직진력이 감소하게 되는 것이다. 부유물이 적을수록 수중 시야가 많이 확보되는 것이 이러한 이유 때문인 것이다.

3) 흡수

다이빙을 하게 되면 물속에서 보이는 색이 단조로운 푸른색으로만 느껴진다. 이는 물이 빛을 흡수함으로써 발생하는데 파장이 긴 빨강색이 가장 먼저 흡수되고, 반면 파장이 짧은 파랑색이 가장 강한 투과력을 가지게 되어 오래까지 남는다. 따라서 물 밖에서 보이는 색과 수중에서 보이는 색은 크게 차이가 나게 되는 것이다.

4) 반사

빛이 수면에 낮은 각도로 부딪히거나, 파도가 높은 경우 빛의 상당량이 반사되어 물속으로 들어오지 못하게 된다. 이에 따라 수면 바깥보다 물속이 훨씬 어두워진다. 정오 전후의 물속은 높은 각도로 빛이 비침으로 인해 가장 밝은 환경이 조성된다.

(2) 무중력 상태

어떤 물체의 부피와 동일한 부피의 물의 무게와 같은 힘이 뜨는 힘으로 작용하는 것을 부력이라고 말한다. 보다 쉽게 설명하기 위해서는 비중이라는 개념에 대한 이해가 필요하다. 비중은 어떤 물체가 물에 대하여 상대적으로 가지는 밀도를 의미하는데, 한 물체의 비중이 물보다 큰가 작은가 하는 것이 이 물체가 물에서 뜨는가, 가라앉는가를 결정하는 것이다. 예를 들어 물보다 비중이 큰 쇳덩어리와 같은 물건은 물에서 가라앉게 되고, 스티로폼처럼 물보다 가벼운 물질은 잘 뜨는 것이다. 물에서 뜨려고 하는 성질을 가리켜 양성 부력(Positive Buoyancy), 가라앉으려는 것을 음성 부력(Negative Buoyancy), 물과 비중이 유사하여 뜨지도 가라앉지도 않는 상태를 중성 부력(Neutral Buoyancy)이라고 말한다. 스킨다이빙을 즐기려면 무중력 상태에 익숙해져야 한다.

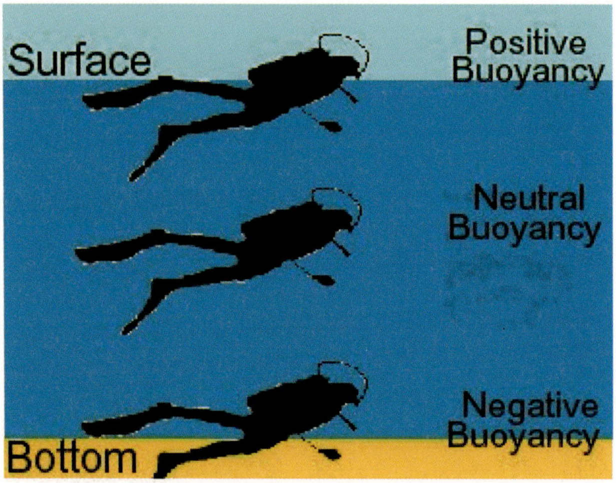

출처: 바다사나이 다이브 스킨스쿠버 교실

〈사진 9〉 양성, 중성, 음석 부력

1) 양성부력

부력은 실제 체험을 하면서 잘 관찰해 보면 훨씬 이해가 잘된다. 대부분의 사람들은 폐에 공기를 가득 채우고 수면에서 움직이지 않고 가만히 있으면 약간의 양성부력 상태가 된다.

2) 중성부력

다이버가 추구하는 중성 부력을 지속적으로 유지하는 기술은 다이빙을 얼마나 안정적으로 즐겁게 영위할 것인가에 있어서 매우 중요한 주제로 다루어지고 있다. 다이버들도 수심에 따라 부력을 적절히 조절함으로써 수중에서 유영을 할 수가 있는데 이 상태를 중성부력 상태라 한다. 힘들이지 않고 수중에서 유영을 할 수 있어야 훌륭한 다이버라 할 수 있다.

3) 음성부력

다이버가 물 속 바닥에 가만히 있으면서 BC에 공기를 넣지 않고는 떠오를 수 없을 때를 음성부력 상태라고 한다.

(3) 수온

수온이 우리의 체온보다 낮으면 잠수를 할 때 어떤 형태로든지 열을 차단하는 장비를 착용해야 한다. 다이버들은 물속에서 여러 가지 경로를 통해 열을 잃게 된다. 우선, 물은 공기보다 25배나 전도성이 훨씬 빠르기 때문에 인체로부터 급격히 열을 빼앗아 간다. 그리고 물속에서는 호흡에 의해서도 열을 잃게 된다. 레귤레이터로 부터 찬 압축공기가 나오므로 숨을 들이쉴 때마다 체온으로 데우게 되고, 숨을 내쉴 때마다 들이 쉰 공기를 데우는데 사용한 열에너지를 잃게 된다. 또한 물속에서 소변을 보게 되면 역시 열을 잃게 된다.

1) 전도

물질의 이동을 수반하지 않고 열에너지가 온도가 높은 곳에서 낮은 곳으로 이동하는 현상으로 온도가 높은 물체와 낮은 물체를 접촉시켜 놓으면 시간이 지나면서 둘 사이의 온도차가 없어지고, 결국에는 똑같은 온도가 된다(열평형). 때문에 다이버는 몸과 물 사이에서 끊임없이 전도로 인한 체온손실이 유발되며 수온에 따라 적절한 슈트를 착용하여야 한다.

촉각은 물속에서 대단히 중요한 감각이지만 온도가 차가우면 촉각이 마비될 수 있다. 어떤 경우에는 맨손일 때보다 손에 열손실을 차단해 주는 두꺼운 장갑을 끼었을 때 물건들을 훨씬 더 잘 만질 수 있다. 또한 물속에서 베이거나 긁히면 대개는 잠수가 끝나고 공기 중에 나올 때까지 느끼지 못한다. 이런 이유들 때문에 장갑과 다이빙슈즈를 반드시 착용해야 한다.

2) 대류

가열된 공기나 유체가 움직이면서 열이 전달되는 현상으로 다이빙슈트내의 물이 체온에 의해 데워진 부분이 열팽창으로 밀도가 내려가 그 부분은 가벼워지고, 부력에 의해 상승함과 동시에 주위의 차가운 부분의 물이 그곳으로 들어가게 되는데, 이러한 작용이 반복되면서 체온을 빼앗기게 된다. 수중에서 활동 중 다이버 주위의 덥혀진 물이 상승하고 다이버에게는 끊임없이 차가운 물이 접근하는 흐름이 일어나는데, 이런 대류 작용은 공기나 유체 사이의 온도 차이에서 비롯되는 것이다. 따라서 다이버는 체형에 완전히 밀착되는 다이빙슈트를 착용하여야 한다.

3) 복사

물체에서 열에너지가 전자기파로서 방출되는 현상으로 물체는 외부로부터 받은 복사(전자기파)를 반사·흡수·투과하는 외에, 스스로 밖을 향해 전자기파 형태로 에너지를 방출한다. 이 현상은 온도가 높을수록 뚜렷해지며, 온도복사·열방사라고도 한다.

4) 증발

액체 표면에서 일어나는 기화 현상으로 액체 내부에서 일어나는 끓음과는 구별된다. 증발은 어떠한 온도에서도 일어난다. 증발은 표면적이 넓을수록 잘 일어나게 된다. 다이버는 수면 휴식 중 표면적을 작게 하고 윈드자켓 등으로 증발로 인한 체온손실을 줄여야 한다.

물 1g을 증발시키는 데는 580cal의 열이 필요하다. 그러므로 지구상의 따뜻한 해면에서 추운 곳으로 이동하는 공기에 포함되는 수증기는 대량의 열을 운반하게 되는데, 구름이 생길 때에는 이 열이 방출되고, 공기는 온도가 상승되며 동시에 부력이 생긴다. 수면에서 증발되는 속도는, 수면과 닿는 공기의 증기압력차이에 비례한다. 증발에 의해 수면은 냉각되고, 열의 보급이 끊어지면 증발속도도 떨어진다. 만약 물이 깊으면, 차가워진 표면수는 가라앉고 깊은 곳에 있던 따뜻한 물과 대류가 이루어진다. 염분이 들어 있는 바닷물의 증발은 민물에 비하면 약간 더디며, 눈이나 얼음으로부터의 증발은 같은 온도일지라도 수면보다 적다. 지구 표면에서의 증발은 대부분이 해면으로부터라고 생각되어, 여러 가지로 추정이 시도되고 있으나, 정확한 측정은 어렵다.

공기는 온도가 높으면 높을수록 더 많은 수증기를 함유할 수 있다. 만약 수증기를 함유하고 있는 공기가 식으면 공기속의 수증기는 응결이 된다. 물속에 들어가서 하강을 할 때는 주위의 낮은 온도로 인하여 마스크 속과 스쿠버 탱크속의 공기는 식게 되고, 이 때문에 공기속의 수증기는 응결되어서 마스크 안쪽 유리에 김이 서리게 하거나 다른 문제점들을 일으키게 된다. 마스크의 안쪽 유리에 물이 응결되려 할 때 표면장력을 줄이지 않으면 서로 뭉쳐서 물방울이 만들어지려는 경향이 있다. 김서림 방지제나, 침 등을 마스크의 안쪽에 발라서 물의 표면장력을 줄일 수 있다. 응결되지 않는 물기는 물방울을 만드는 대신 얇은 막으로 넓게 퍼져서 시야를 흐리게 만든다. 정상적인 상태에서 스쿠버 탱크속의 공기는 대단히 건조하다. 압축기로 공기를 압축한 후 거의 모든 물기를 필터로 제거한다. 이 과정은 스쿠버 탱크가 부식되는 것을 막기 위해서 반드시 필요하다. 잠수중 호흡할 때는 체온으로 들이마신 공기를 데울 뿐만 아니라 인체의 작용으로 그 공기에 습기도 가한다. 이것 때문에 탈수현상이 생길수도 있다. 그러므로 잠수전이나 후에 물이나 음료수를 충분히 마시는 것이 현명한 방법이다. 그렇게 하면 잃어버린 체액을 보충하는데 도움이 된다. 탈수현상은 역량을 충분히 발휘할 수 있는 능력을 감소시키고, 감압병에 걸리기 쉽게 만든다. 잠수 전에 마시는 음료수에는 알코올 성분이나 카페인이 들어있지 않아야 된다. 카페인은 "이뇨제"로서 소변을 보게 하여 수중에서 체액의 손실 이 더 많이 생기게 한다. 따라서 카페인을 없앤 커피나 차, 혹은 카페인이 들어있지 않은 음료수, 주스, 물 등을 마셔야 한다.

* 지나친 열 손실의 증상 : 호흡증가, 떨림, 두통, 감각과 체력의 감소, 피로감, 경련(쥐).
  - 머리, 가슴, 하복부 부위가 열 손실이 많다.
  - 몸이 한기를 느끼기 시작하면 다이빙을 중단하여야 한다.
  - 모든 영향은 교육과 장비, 경험에 의해 조절할 수 있다.
  - 수중 환경과 수중 온도에 따라 적절한 잠수복을 착용하여야 다이버의 신체를 보호할 수 있다.

(4) 소리

잠수가 청각 기능에 미치는 영향 우리는 육상에서 소리가 한 쪽 귀와 다른 쪽 귀에 도달하는 시간의 차이를 반무의식적으로 측정함으로써 소리가 나는 곳을 알게 된다. 만약 바로 도달하는 경우를 제외하고 는 그 시간 간격으로 아무리 짧아도 눈을 감고도 소리가 나는 곳을 가리킬 수가 있다. 물이 소리를 대단히 잘 전달하는 것을 밀도 때문이다. 소리는 공기 중에서 보다 물 속에 서 4배 정도 빨리 진행한다. 그 결과 소리가 나는 곳의 방향을 결정하기가 무척 힘들게 된다. 수면으로 나오려고 할 때 만일 부근에서 보트의 모터소리가 들리면 안전하게 나올 수 있을 때까지 혹은 보트가 멀어져 가고 있다는 것 을 확신할 수 있을 때까지 물속에 있어야 한다. 이것이 다이버가 내려가 있을 때는 다이빙 깃발을 설치하고 그 범위 내에서만 잠수를 해야 하는 가장 주된 이유이다.

4. 공기와 물속의 압력

스킨다이빙은 물속에서 이루어지는 레저스포츠이다. 꼭 수중이 아니라도, 현재 우리가 생활하는 곳 어디에서나 느낄 수 없는 주변의 공기압에 의해 항상 압력을 받고 있다. 우리가 현재 압력을 느끼지 못하는 이유는 물은 압력으로 인하여 압축되지 않으며 우리의 몸은 70% 이상이 물로 이루어져 있기 때문이다. 또한 물이 압력을 우리의 몸에 동등하게 분배를 해준다. 공기는 물과 다르게 압축이 가능하지만 몸속 공기층의 압력과 외부의 압력이 같으면 우리는 압력을 느끼지 못한다. 하지만 압력이 변하면 바로 공기층의 부피에 변화가 생기며 우리 인체에 압력을 전달한다. 그리하여 주변의 공기가 압력을 행사하듯이, 물도 수중에서는 수압이라는 압력을 행사한다. 이처럼 스킨다이빙은 물속에서 이루어지는 스포츠로 언제나 수압이라는 압력에 영향을 받는다. 그럼 압력은 무엇이며, 이와 관련된 과학적, 생리적 원리 및 변화 그리고 압력에 의해 신체에 전달되는 변화를 알아보자.

(1) 압력

다이버들이 물속으로 하강할 때 다이버는 자신 위에 있는 공기와 물의 무게에 의한 힘을 받는다. 이 힘을 면적으로 나눈 것, 즉 단위면적당의 힘을 압력이라 한다. 압력은 보통 평방인치당의 파운드(lb/in2)로 표시한다. 수심이 깊어짐에 따라 압력이 어떻게 변하는 지, 또 인체에 어떠한 영향을 미치는지에 대해 알아보자. 지구 주위의 공기, 즉 대기의 무게는 평방인치당 약 14.7파운드(1.01 bar)이다. 이것은 1평방인치(1인치 x 1인치)당 지표에서 대기 바깥쪽 끝까지의 공기기둥의 무게가 14.7파운드(1.01 bar)라는 것을 의미하고, 이 일정한 힘을 "1기압"이라고 한다. 대기의 압력은 인체에 항상 작용하고 있지만, 우리는 대부분의 경우 그 영향을 전혀 느끼지 못하고 지낸다. 그 이유는 두 가지로서, 첫 째 인체는 주로 유체로 이루어 져 있는데 그것이 비압축성이기 때문이며, 또 다른 이유는 폐나 공동 등과 같이 체내에 공기가 들어 있는 부분들이 열려 있기 때문이다. 이러한 공간들의 내부가 주위 압력과 같을 때는 대기의 영향을 전혀 느끼지 못하게 된다. 즉, 우리 몸은 주위 압력과 "평형을 이루었다"고 말할 수 있다. 이것은 모든 다이버들이 이해해야 할 대단히 중요한 개념이다. 한편 대기의 압력은 고도에 따라 감소한다. 높은 산에 있는 호수에서 잠수하려 할 때 그곳의 낮은 대기압이 다이버에게 어떤 영향을 미치는 가를 배우게 될 것이다. 해수의 무게는 1입방 피트 당 64파운드(1.025킬로그램/리터)이다. 그리고 1평방피트의 물기둥을 수직으로 계속 쌓아서 33피트(10미터)의 높이가 되면 그 물 기둥의 무게는 14.7파운드(1.033 kg/cm2)가 된다.

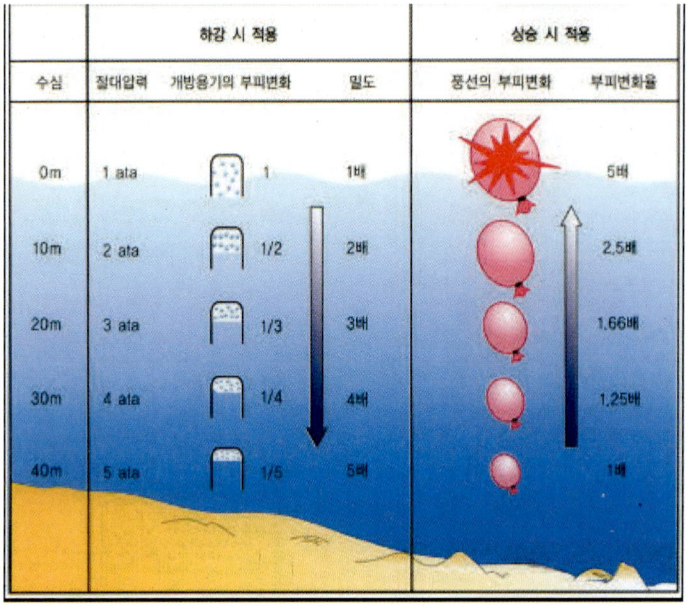

출처: http://m.blog.daum.net/swim-love/15958420#

〈사진 10〉 수심에 따른 압력의 변화

이것은 대기가 해수면에 작용하는 압력 과 같은 값이다. 그러므로 해수 33피트는 1기압과 같으며, 담수는 해수에 비해서 밀도가 작기 때문에 34피트(10.3미터)가 1기압이 된다. 물은 원칙적으로 비압축성이기 때문에 압력을 그대로 전달하고, 물의 압력은 일정한 비율로 증가하여 그 효과가 누적이 된다. 간단하게 이야기하면, 33피트(10미터)의 물은 1기압과 같고, 66피트(20미터)는 2기압과 같으며, 99피트(30미터)는 3기압이 된다. 잠수를 할 때 다이버는 물과 그 위의 대기 압력을 함께 받게 된다. 즉, 해수면에서는 1기압의 공기압력을 받으므로, 해수 33피트(10미터)에 서는 대기압 1기압과 물로부터 받는 1기압을 더하여 합계 2기압을 받게 되고, 해수 66피트(20미터)에서는 3기압의 압력을 받게 된다. 그리고 담수에서는 34피트(10.3미터)

에서 2 기압이 된다. 이와 같이 압력의 변화를 계산할 때는 항상 대기 압력을 고려해야만 한다. 해수면에서는 대기의 압력이 거의 일정하기 때문에 대부분의 압력계들은 해수면에서 영이 되도록 조정되어 있다. 수심계가 33 피트(10미터)를 나타낼 때는 압력이 수면에서보다 1기압이 더 크다는 것을 말하는 것이다.

계기로 측정한 압력을 "계기압력" 이라고 하는데, 그 것은 대기의 압력을 포함시키지 않은 것이기 때문에 실제의 총 압력이 아니다. 계기압력 에 대기의 압력을 더한 값을 "절대압력" 이라고 하고, 이것이 수심을 결정할 때 사용되는 압력이다. 수면에서 잠수하여 33피트(10미터)의 수심으로 내려가면, 인체에 미치는 압력 은 두 배가 된다. 반대로 66피트(20미터)의 수심에서 수면으로 올라오면 압력은 3분의 1 로 줄어든다. 절대압력은 항상 물에 의한 압력보다 1기압이 더 크고, 대기의 압력이 포함 되어야 한다는 것을 반드시 기억해야 한다. 그리고 어느 수심에서의 압력을 어떻게 계산 하는가에 대해서도 알아두는 것이 좋다. 해수에서는 1피트당 0.445 p.s.i.(0.03 bar)씩, 담수에서는 1피트당 0.432 p.s.i.(0.029 bar)씩 압력이 증가한다는 것을 알고 있으면 이 값을 피트 단위로 측정한 수심에 곱한 후, 그것에 14.7 p.s.i.(대기압의 평균값)를 더하 면 해수나 담수 어느 수심에서도 압력을 쉽게 계산할 수 있다. 예를 들어, 해수 100피트 (30미터)의 수심에서는 계기압력이 44.5 p.s.i.(3.07 bar)이므로 여기에 대기의 압력 14.7 p.s.i.(1.01 bar)를 더하면 절대압력 59.2 p.s.i.(4.08 bar)를 구할 수 있다.

1) 달튼의 법칙

공기는 질소와 산소를 포함한 여러 가지 기체로 구성이 되어 있다. 각 기체가 이런 혼합 기체 전체의 압력에서 차지하는 압력을 부분압이라 한다. 이때 혼합 기체 전체의 압력은 그 구성 기체 각각의 부분압의 합과 같게 된다. 즉, 기체 전체의 압력이 증가하는 것과 같은 비율로 구성 기체의 부분압도 증가하는 것이다. 이 경우 혼합 기체 중의 각 기체의 부분압은 그 부피에 반비례하게 된다.

예를 들어, 일정한 부피의 공기는 수심 10m에서 2 대기압이 된다. 이때 1 대기압의 공기에서 0.79인 질소의 부분압은 1.58 대기압이 된다. 마찬가지로 산소의 부분압은 1 대기압에서 0.21이던 것이 혼합 기체가 2 대기압으로 되면서 함께 0.42 대기압으로 커지게 된다. 쉽게 말해 대기압의 변화와 부분압의 변화는 비례하는 것이다.

이 부분압에 대한 이해는 테크니컬 다이빙에서 산소 중독을 피하기 위한 제한 수심의 설정 등에 있어 대단히 중요하다.(수면에서 100% 순수 산소로 호흡하는 것과 5 대기압인 수심 40m에서 일반 공기로 숨을 쉬는 것은 같은 부분압의 산소를 의미한다.)

2) 보일의 법칙

보일은 압력이 증가하거나 감소하면, 기체의 부피는 그에 반비례하여 감소, 증가한다는 것을 밝혀낸 사람이다. 즉 압력이 높아지면 그에 반비례하여 부피는 줄어들고, 압력이 낮아지면 기체의 부피는 커지는 것이다. 이때의 압력은 절대압을 적용시킨다. 이를 공식으로 살펴보면 다음과 같다.

$$P1 \times V1 = P2 \times V2$$

(P 1 : 최초의 압력, V 1 : 최초의 부피, P 2 : 변화된 압력, V 2 : 변화된 부피)

예를 들어 절대압이 1인 수면에서 부피가 4리터인 풍선을 가지고 절대압이 2 대기압이 되는 수심 10m로 하강하면 풍선의 부피는 2리터, 절대압이

4 대기압이 되는 수심 30m로 내려가면 풍선은 1리터로 줄어드는 것이다. 이 원리는 공기색전증과 압착 등을 설명할 수 있는 근거가 된다.

3) 샤를의 법칙

부피가 일정할 때 온도가 변화하면 그에 따라 압력도 변화한다. 이때의 온도는 절대 온도(섭씨 온도 + 273)를 의미하며, 절대 온도의 변화에 따라 압력도 비례하여 움직이게 되는 것이다. 공기통을 완전하게 충전시킨 직후의 압력과 시간이 지난 후의 압력에 차이가 발생하는 것은 바로 이 이유 때문으로, 뜨거운 장소에 오랫동안 충전된 공기통을 방치하지 않도록 해야 하는 것이다.

4) 헨리의 법칙

헨리의 법칙은 일정한 온도에서 액체 속으로 녹아 들어가는 기체의 양은 그 기체의 부분압에 비례한다는 것이다. 기체가 액체 속으로 녹아서 들어가는 것은 압력과 가장 큰 상관관계가 있어서 이 압력이 증가함에 따라, 즉 수중에서 깊이 잠수하여 들어감에 따라 점점 더 많은 양의 기체가 액체 속으로 녹아 들어간다.

압력이 높아짐에 따라 기체가 이렇게 액체 속으로 녹아 들어가는 과정은 액체 내의 기체 부분압이 액체 바깥의 기체 부분압과 같아지는 시점, 즉 포화상태(Saturation)에 이를 때까지 지속이 된다. 포화된 이후 다시 압력이 낮아지기 시작하면 이번에는 거꾸로 액체 내에 용해되어 있던 기체가 바깥으로 빠져 나오는 과정이 시작되는 것이다. 헨리의 법칙은 감압병(Decompression Sickness)를 이해하는데 있어 가장 중요한 부분이 된다.

참고

1. 압력은 단위 면적 당 무게(힘)이다. (무게/면적)
2. 압력은 보통 psi또는 bar로 나타낸다.
   - 1 lb/in = 1 psi (1 평방인치당 1파운드의 압력)
3. 공기 중에서도 압력은 작용하며 그 압력은 고도에 따라 변한다.
   - 해수면에서 공기 1평방 인치의 무게(압력)는 14.7psi
4. 밀폐되고 유연성 있는 용기 속에든 공기의 압력변화는 부피에 영향을 끼친다.
5. 해수 33피트 또는 담수 34피트 = 1기압
   - 해수 1입방 피트는 64파운드
   - 해수 1피트 당 0.445psi가 증가
   - 1기압은 해수 33피트(10m)에 의한 압력과 같다.
   - 담수 1입방 피트는 62.4파운드
   - 담수 1피트 당 0.432psi가 증가
6. 1기압은 담수 34피트(10.25m)에 의한 압력과 같다.
7. 압력은 해수면에서의 압력을 기준으로 한다.
   - 계기압 (Gage pressure)이라고 명명된 압력은 해수면의 압력을 "0"으로 기준하며 psig로 표현되어 진다.
   - 절대압 (Absolute pressure)이라 명명된 압력은 해수면의 압력은 압력이 없는 상태를 "0"으로 기준하여 psia로 표현되어진다.
   - 수심이 증가해도 절대압은 항상 계기압 보다 1기압 더 크다.
8. 수심(압력)변화는 밀폐된 유연한 용기의 부피에 영향을 미친다.
   - 압력이 증가함에 따라 부피는 감소하고 압력과 부피는 반비례한다.
9. 압력/부피/밀도 관계
   - 압력(수심)의 증가에 따라 유연한 밀폐된 용기 내의 공기밀도는 증가한다.
   - 공기공간의 부피가 변하지 않고 압력평형이 이루어지려면 공기공간 내의 밀도가 높아져야 한다.
   - 수심이 깊어질수록 호흡하는데 더 많은 공기가 사용된다.

10. 온도/압력과의 연관성(Temperature/Pressure Relationship)
- 온도가 증가하면 탱크 안의 분자활동이 증가하고 그래서 압력은 증가한다.
- 압력이 증가하면 온도가 증가
- 효과 : 공기를 충전한 탱크가 식으면 압력이 감소한다.

* 섭씨 1도 증가하면 약 9 psi증가 (80큐빅 피트 탱크 기준)
* 화씨 1도 증가하면 약 5 psi증가
출처: 스쿠버다이빙 물리 이론

(2) 수심

○ 해수와 담수

해수는 바닷물을 의미하며, 담수는 민물로 강이나 호수 따위와 같이 염분이 없는 물을 의미한다. 해수에서의 부력이 담수에서의 부력보다 약간 크다. 부력은 물의 무게만큼 가벼워지는 것을 말하며 결국 부력은 물의 무게 즉 밀도에 따라 변한다. 그런데 해수가 잠수보다 밀도가 약 3% 정도 크기 때문에 해수에서의 부력이 잠수에서의 부력에 비해 약 3% 정도 더 큰 것이다.

일정한 부피의 질량(무게)을 밀도라 하는데, 물이 공기와 다른 가장 큰 특징이 밀도라 할 수 있다. 민물의 밀도는 1,000kg/m^3이며 바닷물은 민물보다 무거워 약 1,025kg/m^3의 밀도를 가진다. 따라서 바닷물은 공기의 밀도 1.28kg/m^3에 비해 약 800배가 크다.

- 공기의 밀도는 1큐빅피트당 0.08파운드 (0.08 lbs/cu. ft), (1.21g/L)
- 담수의 밀도는 1큐빅피트당 62.4파운드 (62.4 lbs/cu. ft), (1kg/L)
- 해수의 밀도는 1큐빅피트당 64파운드 (64 lbs/cu. ft), (1.025kg/L)

(3) 압력에 대한 신체의 영향

○ 신체의 공기부분

1) 귀

사람의 얼굴에는 유스타키안관(Eustachian Tube)이라고 부르는 가는 관으로 코와 귀, 눈, 등으로 연결되어있다. 코를 잡고 코로 공기를 불면 사람의 얼굴은 이관을 통해 귀의 중이 속으로 공기를 보낼 수 있다. 이것을 우리는 귀의 압력평형(이퀼라이징)이라고 한다. 이퀼라이징을 하지 않고 수심 깊이 다이빙을 하면 고막이 파열된다. 그러므로 하강을 시작하면 바로 이퀼라이징을 하여야 한다.

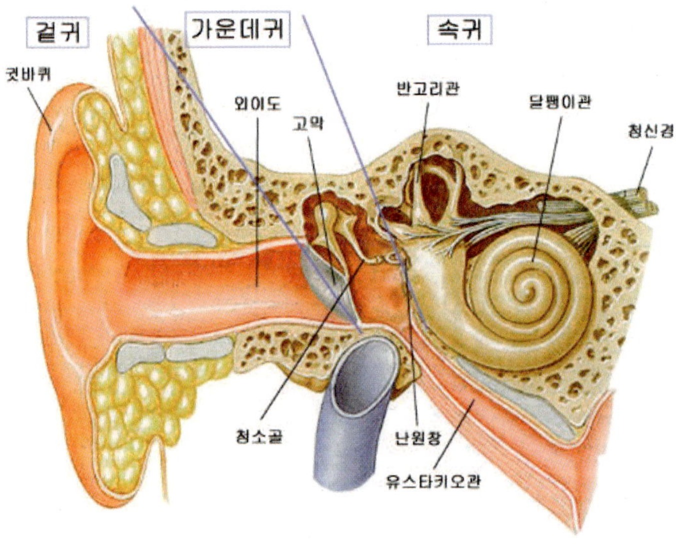

출처: http://nitenday.kr/1148

〈사진 11〉 귀의 구조

2) 부비동(사이너스)

사람의 머리뼈 속에는 부비동이라고 불리는 작은 공간이 있다. 이 공간들은 코와 가는 관으로 연결돼있다. 평상시는 이 관이 열려있어서 하강 하면서 이퀄라이징을 할 때 부비등도 귀와 같이 압력평형이 이루어진다. 그러나 감기, 알레르기, 염증 등이 생기면 이관이 막히거나 아주 좁아져 압력평형이 되지 않는다. 이 상태를 부비동 압착이라고 한다.

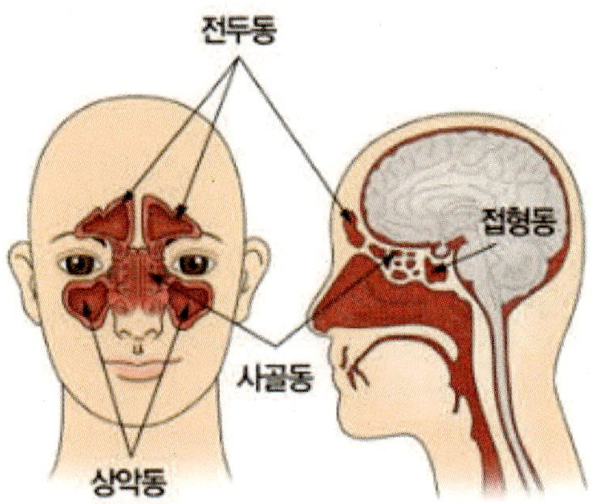

출처: http://m.blog.naver.com/wanseng/220713360255

〈사진 12〉 부비동의 구조

3) 폐

스킨다이빙 할 때 깊이 하강하면 수압이 증가함으로 보일의 법칙에 의해 폐속의 부피가 줄어든다.

너무 깊게 하강하여 폐의 부피가 평상시 공기잔유량보다 작아지게 되면 폐가 쪼그라들어 폐조직의 손상을 초래하게 된다. 이론적으로는 보통사람이 30m(4기압)이하로 하강하면 폐압착이 올 가능성이 있다고 본다. 예방법으로는 과도한 깊이로 스킨다이빙을 하지 않는다.

4) 마스크 압착

다이빙시 깊게 하강해 내려가면 수압에 의한 수경 압착이와 수경이 얼굴에 밀착되어 수경내의 압력이 외부나 인체내 보다 낮아진다. 마스크 압착이 심하게 오면 눈이 충혈 되거나 코피가 난다.

5) 장 압착

사람은 다이빙 도중에 가끔 창자나 위속에서 가스가 생길 수 있다. 몸속에 가스가 있는 상태로 하강 하는 것은 상관이 없으나 다이빙 중에 발생한 가스는 보일의 법칙에 의해 상승 중에 팽창함으로 가스가 생긴 부위에 통증을 느끼면 상승속도를 늦추고 서서히 상승을 하여야 한다. 예방법으로는 다이빙전에 발포성음식(콩, 보리, 양파, 밀가루 음식 등), 탄산음료 (사이다, 콜라, 환타 등)의 섭취를 하지 말고 특히 다이빙 도중 압축공기를 삼키지 않도록 한다.

5. 스킨다이빙 장비

스킨다이빙은 장비를 이용하여 수중이라는 신비로운 자연을 탐험하는 레저스포츠이다. 올바른 장비의 선택과 사용, 관리는 스킨다이빙을 지속적으로 즐기기 위해 필요한 정보들이다. 스킨다이빙을 처음 시작한 다이버들은 어떻게 장비를 구매할까? 경제적으로 여유가 있는 중장년 층의 다이버들은 처음부터 모든 장비를 구매하지만 아직 경제적으로 여유가 많지 않은 젊은 다이버들은 렌탈 장비로 시작해서 다이빙에 재미를 느껴가면서 하나씩 필요한 장비를 구매한다. 다이빙에 있어 장비가 왜 중요한가? 본인에게 적합하지 않은 장비를 착용 시 여러 가지 문제들이 발생할 수 있다. 예를 들어,

마스크가 본인의 얼굴 면접에 비해 상대적으로 크거나 작을 시 그에 따르는 불편함으로 인해 다이빙시 편안하게 아름다운 물속 세상을 탐험하지 못할 수 있다. 슈트, 핀, 스노클 등 모든 장비들도 매한가지다. 따라서 보다 안전하고 편안하게 다이빙을 즐기기 위해서는 이에 필요한 장비들에 대해 파악할 필요가 있다.

(1) 마스크

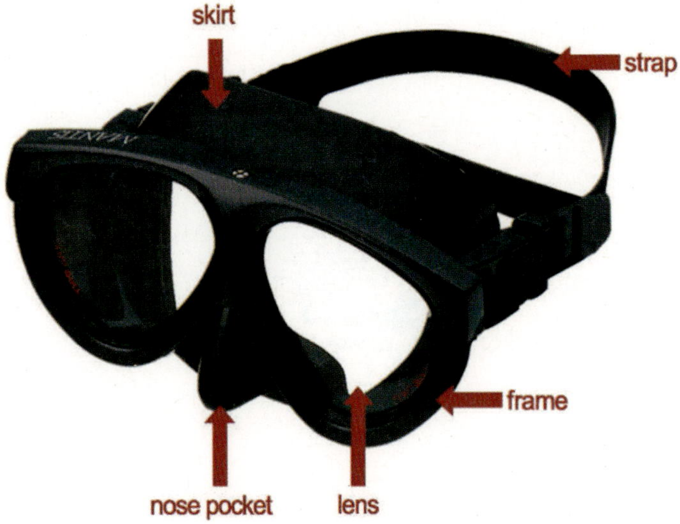

출처: http://www.scubanet.kr/

〈사진 13〉 마스크의 구조

○ 목적

수중에서 외부로부터 들어오는 물 또는 이물질의 침입을 방지하여 눈의 자극을 보호하고, 공기 공간을 만들어 주어 시야를 확보할 수 있게 해주는 것을 마스크(Mask)라고 한다. 마스크는 강화유리로 만들어진 렌즈와 얼굴에 밀착되어 물의 유입을 방지해주는 유연하고 부드러운 고급 실리콘으로 만든 스커트 그리고 강화유리와 실리콘을 결합시켜주는 프레임, 머리에 착용하여 고정시킬 수 있는 스트랩, 스트랩을 고정시켜주는 버클이 있고, 코를 넣을 수 있는 코집(nose poket) 등으로 이루어져 있다.

○ 특징

과거에는 플라스틱 렌즈를 사용한 마스크도 있었지만 근래에 스쿠버 다이빙용으로 제조된 마스크는 거의 전부 강화유리(tempered glass)를 사용한다. 긁힘이나 충격에 강하기 때문에 보다 안정적으로 사용할 수 있다.

스커트의 경우 아직 고무를 사용하는 것들이 남아 있기는 하지만 역시 대부분 최고급 실리콘을 사용하고 있는데 부드럽고, 유연하여 얼굴에 잘 밀착되어 물의 유입을 방지해줄 뿐만 아니라 착용감을 편하게 해준다. 제조업체들마다 고유의 실리콘 합성제품을 개발하여 특별한 브랜드 이름을 붙여가며 최고임을 자랑하고 있다.

- **강화유리**: 파손을 막고, 파손시 손상이 방지 되도록 열처리 과정을 거친 강화유리로 구성되어 있다.
- **프레임**: 유리를 견고하게 고정시킨다.
- **스트랩**: 얼굴에 맞도록 가장자리를 이중으로 하여 방수막 역할을 한다.
- **코 포켓**: 코가 덮여 있으면 수심이 싶어질수록 증가하는 수압과 마스크 내부의 압력을 평형 시킬 수 있으며, 귀의 압력 평형을 위해해 코를 막을 수 있다. 아울러 마스크 물빼기를 위해 코 포켓이 있는 것이 다이빙용 마스크이다.

○ 유형

- **1안식과 2안식:** 렌즈가 하나인가 2개인가에 따라 마스크는 1안식과 2안식으로 구분된다. 디자인의 차이로 인해 2안식은 렌즈가 다이버의 얼굴에 더 가까이 붙게 되고, 내부 볼륨이 감소되어 마스크 물빼기와 이퀄라이징이 더 쉽다. 다만 마스크 프레임이 콧대를 누를 수도 있다. 이에 비해 1안식은 다이버의 눈 사이를 가로지르는 프레임이 없어서 시야가 넓어 보이지만 디자인 때문에 렌즈와 다이버의 코 사이에 공간이 많아서 내부 볼륨이 넓어서 마스크 물빼기와 이퀄라이징에 공기가 훨씬 많이 소요된다.

출처: http://www.halcyonkorea.net

〈사진 14〉 헬시온 1안식 마스크

출처:http://www.halcyonkorea.net

〈사진 15〉 헬시온 2안식 마스크

- **측면창:** 모델에 따라 마스크의 양측에 작은 측면창이 있는 것들이 있는데 이를 통해서 더 많은 빛이 마스크 내부로 들어올 수 있어서 다이버의 시야를 넓혀준다. 다만 이런 마스크는 내부 볼륨이 더 크지기 때문에 이퀄라이징이나 물빼기를 위해서 더 많은 공기가 필요하다.

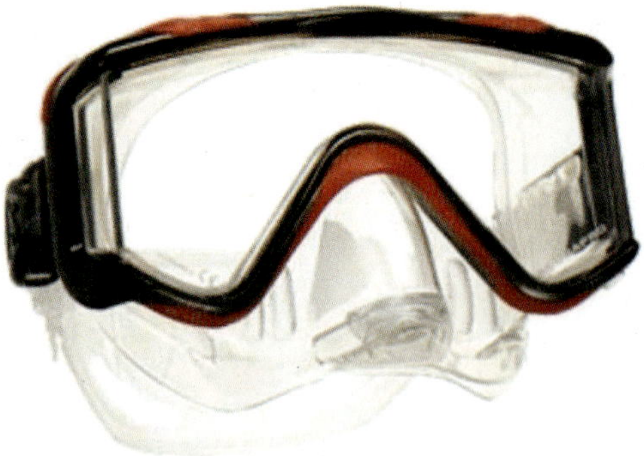

출처: http://www.scubanet.kr/

〈사진 16〉 측면창 마스크

– 저용량/프리다이빙 마스크: 저용량 마스크는 다이버의 얼굴과 마스크 창 사이에 공간이 거의 없는 구조이다. 이로 인해 이퀄라이징과 물빼기에 필요한 공기의 양이 더 적다. 프리다이버들이 주로 사용하는 모델들이며, 일반 다이버들은 고글을 착용한 듯 조금 답답한 느낌이 든다고 한다.

출처: http://www.scubanet.kr/

〈사진 17〉 아토믹 울트라 클리어 프레임리스 마스크

출처: http://www.scubanet.kr/

〈사진 18〉 프리다이빙 전용 마스크

- **넓은 시야의 마스크:** 측면이나 아래로 튀어나온 독특한 형태의 렌즈를 가진 마스크들은 다이버의 시야를 넓히기 위해서 디자인 된 것들이다. 다이버들이 머리를 돌리지 않고도 해양생물이나 게이지를 볼 수 있도록 해준다.

출처: http://www.scubanet.kr/

〈사진 19〉 마레스 리퀴비전 썬라이즈

- **퍼지 밸브 마스크:** 마스크의 코 부분에 일방밸브가 달려있는 것으로 마스크 물빼기를 편하게 해준다. 마스크 물빼기를 할 때 다이버가 위를 쳐다볼 필요가 없다. 이를 좋아하는 다이버들도 일부 있지만 대부분의 다이버들은 굳이 필요 없는 기능이라 여긴다. 퍼지밸브는 이퀄라이징 할 때 코잡기를 힘들게 하며, 고장이 나면(잘 일어나지는 않지만) 이를 통해 물이 샐 수도 있다. 너무 과한 기능이라는 평들이 많다.
- **교정렌즈:** 안경이나 콘텍트 렌즈를 착용하는 다이버들을 위해 시력 교정렌즈로 교체할 수 있는 마스크들도 있다. 주로 2안식 마스크들이며, 교체할 수 있는 돗수 별 시력교정렌즈는 별매이다. 1안식 마스크의 경우 시력교정렌즈가 없는데 이 경우에는 안경점에서 맞춘 렌즈를 마스크 안쪽에 부착하는 방법도 있다.

- 실리콘 칼라: 마스크 스커트의 실리콘 칼라도 중요한데 투명, 블랙, 흰색 등의 칼라가 있다. 투명 실리콘은 마스크 속으로 더 많은 빛이 투과되어 시야가 넓어 보이고, 답답함이 없다. 그러나 블랙, 흰색 등의 불투명 실리콘은 마스크의 전면 창을 통해서만 빛이 들어 오므로 집중력을 높이고, 난반사를 없애주어 수중 촬영자들이 좋아한다. 블랙 실리콘은 때가 덜 타기 때문에 보통 남성 다이버들이 선호하고, 흰색 실리콘은 화사한 느낌으로 인해 패션을 목적으로 마스크를 선택하는 여성 다이버들이 선호한다.

출처: http://www.scubanet.kr/

〈사진 20〉 다양한 칼라가 제공되는 마스크

- 프레임리스 마스크: 렌즈와 스커트를 결합해주는 프레임이 있는 일반적인 마스크들과 달리 렌즈에 바로 실리콘 스커트를 부착시켜 프레임을 없애버린 마스크이다. 프레임이 없어서 마스크의 무게와 부피가 줄어들었으며, 착용시 눈과 마스크의 간격이 더 좁아져서 시야가 넓어지고, 내부 용적이 줄어들었다.

출처: http://www.scubanet.kr/

〈사진 21〉 다이브 시스템의 프레임스 마스크리

(2) 스노클(Snorkel)

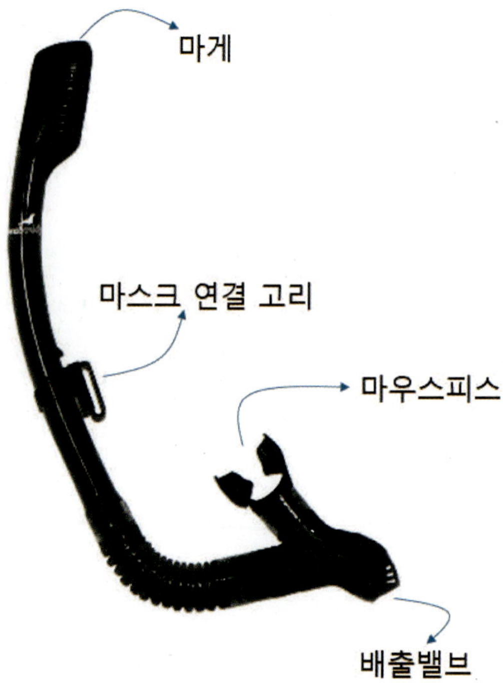

출처: http://www.scubanet.kr/

〈사진 22〉 스노클의 구조

○ 목적

스노클은 다이버가 머리를 수면 위로 들지 않고서도 숨을 쉬면서 물속을 관찰할 수 있도록 도와주는 장비이다. 스노클을 통해 호흡을 하면 얼굴을 물속에 담근 채로 비교적 편안하게 숨을 쉴 수 있으므로 편안하게 물에 떠서 다니는데 힘이 덜 든다.

○ 특징

스노클은 크게 상부, 하부, 마우스피스로 구성된다. 세부적으로는 스노클 대통, 마우스피스, 배수밸브, 클립으로 구성된다.

- 스노클대롭(Snorkel): 견고한 플라스틱 재질이며 타원형으로 구성되어 있어 물속에서 저항을 덜 받는다.
- 마우스피스(Mouthpiece): 입에 맞도록 부드러운 실리콘 재질로 되어 있다.
- 배수밸브(Purge Valve): 물리 잘빠지도록 제작되었다.
- 클립(Clip): 마스크의 스트랩 부분에 연결하는 고리이다.

○ 유형

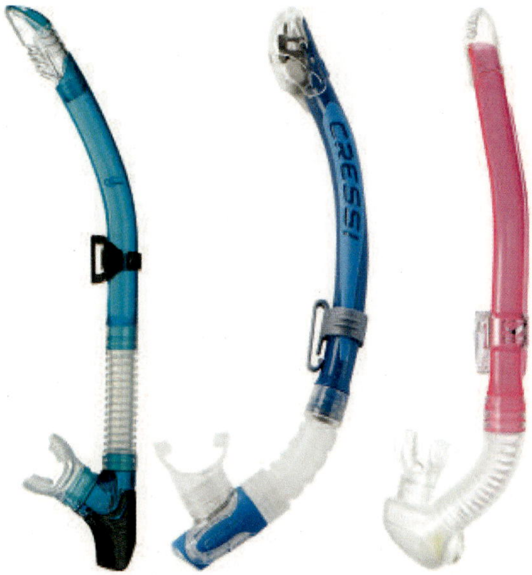

출처: http://blog.naver.com/it_deepbluesea/220641543411

〈사진 23〉 스노클의 유형

- **유연한 스노클:** 유연한 스노클은 레귤레이터를 사용할 때 불편하지 않게 바깥으로 내밀 수 있다.
- **딱딱한 튜브스노클:** 마우스피스가 적당한 위치에 있게 하고 물속에서 끌리는 것을 줄여준다.
- **배수 밸브 탑재 스노클:** 자가 배수 밸브를 마우스피스 아래에 가지고 있어 여분의 물은 저장소에 모여 호흡을 내쉴 때마다 마우스피스에 물이 들어오지 않으면서도 효과적으로 빠져나갈 수 있다.

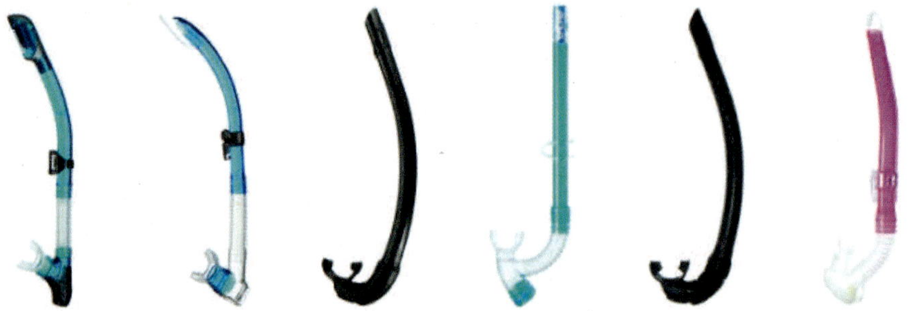

출처: http://blog.naver.com/it_deepbluesea/220641543411

〈사진 24〉 스노클의 종류

〈사진 24〉처럼 왼쪽부터 드라이 탑이 있는 스노클, 일반스노클(자바라형), 자유자재로 휘는 소재의 스노클, 일자형 스노클, J형 스노클, 배수밸프탑재 스노클 이 있다.

(3) 오리발(Fins)

출처: http://scubanet.kr/article/

〈사진 25〉 핀의 구조

○ 목적

핀은 물에서 추진력을, 또는 물에서 움직일 수 있는 수단을 제공하며 다리 근육을 골고루 사용 할 수가 있으며, 손을 자유롭게 하여 다른 목적으로 사용하게 한다. 핀을 사용하는 것은 다이버로 하여금 산소 및 에너지를 소모하게 만드는데 이는 다이버가 사용하는 공기량과 직접적인 연관성이 있다. 따라서 노련한 다이버들과 비교했을 때 공기소모량이 많을 수밖에 없는 초보 다이버들에게는 에너지 효율성이 좋은 핀을 선택하는 것이 좋다.

○ 특징

시중에는 다양한 종류의 핀들이 있기 때문에 다이버의 경험, 발차기 스타일 그리고 발차기 능력, 다리의 파워, 다이빙 타입 등의 수준을 고려해야 자신에게 가장 적합한 핀이 무엇인지 결정해야 한다. 다이빙 핀은 수영용 핀처럼 너무 짧아도 안 되고, 프리다이빙용 핀처럼 너무 길어도 안 된다. 일반적으로 다리가 튼튼할수록 더 길고, 딱딱한 핀을 사용할 수 있다. 하지만 바다에서 가볍게 떠다니는 다이빙에 적합한 핀은 동굴이나 난파선 같은 테크니컬 다이빙에는 맞지 않을 수도 있다.

다양한 종류의 핀들이 있지만 발집의 스타일에 따라서는 풀풋과 오픈힐이라는 2가지로 구분된다. 풀풋은 부드러운 고무재질의 발집이 뒤꿈치까지 발 전체를 완전히 감싸는 스타일이며, 오픈힐은 뒤꿈치가 열려 있어서 스트랩을 이용해서 발뒤꿈치에 고정시키는 타입이다.

○ 유형

- 포켓형(Full-Foot, Foot-Pocket): 포켓형 또는 풀풋 핀은 보통 수영장에서도 사용되며 스킨다이빙 및 스쿠버다이빙 시에 사용된다. 신발이 필요 없으며 그냥 맨발을 핀에 넣어서 사용하며 가볍다는 장점이 있지만, 다른 핀들 보다 추진력이 떨어지는 단점이 있다.

출처: https://www.heamil.kr/wiki/dic3_1/2667

〈사진 26〉 포켓형 핀

- 오픈형(Open-Heel, Heel-Strap): 오픈힐 핀은 부츠를 신고 착용하는 것으로 포켓의 뒤꿈치가 열려 있으며 열린 곳에 조절 가능한 스트랩이 있다. 부츠를 신고 신어야 하는 핀으로서 스쿠버다이빙에서 가장 많이 사용된다. 스트랩으로 사이즈를 조절하거나 스프링 교체가 가능하여 편하게 신고 벗을 수 있다. 추진력이 강한 장점이 있지만 무게가 무겁다.

출처:http://www.5penwater.com/2

〈사진 27〉 오픈형 핀

- 모노핀(Mono Fin): 모노핀은 주로 프리다이빙에서 사용되며 스킨다이빙이나 스쿠버다이빙 시에는 착용하지 않는다.

출처: http://scubazip.firstmall.kr/goods/view?no=5377

〈사진 28〉 모노핀

(5) 슈트(Suit)

출처: http://www.scubanet.kr/article/

〈사진 29〉 다양한 브랜드들의 슈트

○ 목적

다양한 환경에 노출되어 있고, 해양이라는 특수한 공간에서 이루어지는 레저스포츠의 하나로 외부 환경으로부터 신체를 보호하고 신체온도 유지를 하기 위해 착용하는 목적이 있다. 보통 보호 기능은 보온 기능에 추가되는 정도로 생각되지만 수온이 30℃가 넘어서 보온이 거의 필요 없는 환경이라고 해도 바다 속에는 해파리를 비롯한 독성을 가진 플랑크톤들이 떠돌아다니기 때문에 보호를 위한 목적으로 얇은 슈트를 입어야 한다.

○ 특징

슈트는 일반적으로 수온, 잠수 활동의 정도, 신체구성 등과 같은 여러 요소를 고려하여 슈트를 선택해야 한다.

대부분의 잠수 활동에서는 단열재가 필요하며 환경에 적합한 잠수복을 고르는 것이 잠수를 즐기는 핵심 사항 중의 하나이다. 사람마다 추위에 대한 적응정도가 다르다. 사는 지역의 대기 온도에 의해 추위에 대한 적항이 다르며, 여성과 남성, 마른 체형인가 비만 체형등에 의해서 다르다. 어떤 종류의 잠수복을 입어야 할지 잘 모를 때는 다음의 일반적인 추천사항을 참조한다.

- 27°C(80°F)이상의 수온: 다이브 스킨 잠수복을 추천
- 24°C에서 27°C(75°F에서 80°F)사이: 2mm에서 3mm의 습식 잠수복을 추천
- 13°C에서 24°C(55°F에서 75°F)사이: 5mm에서 7mm의 습식 잠수복을 추천
- 2°C에서 13°C(35°F에서 55°F)사이: 건식 잠수복을 추천
- 2°C(35°F) 이하의 찬 물: 이 정도의 찬 물에서 잠수 할 때에는 특수 훈련과 장비가 필요하다.

○ 유형

- **스킨슈트:** 열대 바다에서 잠수할 때 베이거나, 긁히고, 찔리는 것에서부터 몸을 보호하기 위해 얇고 하나로 된 잠수복이다. 다이브 스킨이라는 용어는 다양한 재질로 만들어진 비슷한 제품에 대해 넓은 의미로 사용된다. 일반적으로 두 가지 재질은 라이크라(Lycra)와 폴라텍(polartec)이다.

출처: https://www.leisurepro.co.kr/

〈사진 30〉 MARES의 스킨슈트

- **습식 잠수복**: 습식 잠수복은 합성 고무인 거품 네오프렌(Form Neoprene)으로 만들어졌는데 거품 네오프렌은 속에 수천 개의 작은 기포로 가득 차 있으며 겉은 보통 나일론 재질로 습식 잠수복의 색상을 결정한다. 물속에 들어가면 피부와 잠수복 내부 표면 사이의 얇은 층에 물이 갇히게 된다. 그 다음 체온에 의해 물이 데워지고 단열복이 물과 몸을 따뜻하게 유지시킨다. 습식 잠수복은 단순성과 비교적 낮은 가격 때문에 보온용으로 다이버들에게 가장 널리 사용되는 재질이다. 습식 잠수복 원단의 두께가 2~7mm까지 다양하고 많은 모양이 있다. 모양별로 보면

짧은 습식 잠수복과 2~3mm의 긴팔원피스는 열대 온도에서 많이 입는다. 찬물 다이빙에서는 5~7mm 긴팔원피스와 반팔원피스에 자켓을 콤비네이션 하는 파머존원피스가 있다.

출처: https://www.leisurepro.co.kr/

〈사진 31〉 습식 슈트

- **건식 잠수복**: 우리나라 동해기준으로 수온 19도에서는 5mm 긴팔원피스를 권장하며, 그 아래의 수온에서는 긴팔원피스에 후디드 베스트를 콤비네이션하거나 건식 잠수복을 권장한다. 찬 물에서는 건식 잠수복을 선호한다. 습식 잠수복 보다 훨씬 가격이 비싸지만(방수로 만들기

위해 수반된 노동 때문에) 그 만큼 편안함에 대한 가치가 있다. 이 잠수복은 손목 밀봉, 목 밀봉, 방수 지퍼를 사용하여 물에 젖지 않도록 되어 있다. 건식 잠수복도 크게 세미드라이, 드라이 슈트로 분류되며 원단의 종류도 매우 다양하다.

네오프렌을 사용하지 않는 건식 잠수복을 입을 때는 속옷을 잠수복 밑에 입어 단열 효과를 증가시켜 몸을 따뜻하게 한다. 건식 잠수복은 습식 잠수복보다 입기 쉽지만, 적절한 사용을 위해서는 전문적인 또는 부가적이 훈련이 필요하고 납을 더 많이 차야 하는 불편함이 있다.

출처: http://scubazip.firstmall.kr/goods/view?no=1604

〈사진 32〉 CRESSI의 습식 슈트(세미드라이)

- 거품 네오프렌: 이 재질의 잠수복은 방수지퍼와 손목과 목에 씰(Seal)이 있는, 하나로 연결된 잠수복이다. 이 잠수복은 잠수복 내부가 건조해 있고 잠수복의 공기와 잠수복 자체가 단열재 역할을 하기 때문에 같은 재질로 만든 습식 잠수복보다 따뜻하다.
- 고형 네오프렌: 이 재질의 잠수복은 부가적인 단열재로서 잠수복 아래에 속옷을 입는 것으로, 입어야 하는 단열재의 양은 수온에 따라 달라진다. 이 잠수복은 거품 네오프렌보다 입고 벗는데 편한 점이 있다.

출처: http://www.halcyonkorea.net

〈사진 33〉 DUI의 건식 슈트(드라이)

- **나일론 잠수복:** 넉넉하고 느슨하게 입어도 되기 때문에 많은 활동을 할 수 있고 더 편안하다. 이 잠수복 또한 속옷을 입을 필요가 있다. 이외의 다른 소재의 다양한 제품이 나오고 있는데 고가의 가격형성이 단점이다.

6. 스킨다이빙 주의사항

다이빙하는 모습을 보면 초보자는 쉽게 표가 난다. 과도하게 오리발을 차는 모습, 두 팔을 과도하게 몸 밖으로 내미는 행동, 과도한 발차기와 행동들은 아름다운 해양에 있는 생태계를 파괴 시킬 수 있다. 그러나 이러한 초급 단계가 지나면 물속에서 특별한 상황이 벌어지지 않는 한 모든 다이버들의 다이빙하는 모습은 다 비슷하다. 여러 명의 다이버들이 그룹을 형성하며 헤엄쳐가는 장면을 보아도 그들을 구분해 내기는 쉽지 않다.

다이빙을 누가 잘하나 같은 경기 대회란 것은 없다. 교육코스에는 등급이 있지만 당구나 바둑처럼 분명하게 숫자로 표시되는 등급도 아니며, 노래나 댄싱처럼 하는 것을 보면 금방 등급을 알 수 있는 것도 아니다. 그래서 다이버들은 다른 다이버가 나보다 더 다이빙을 잘한다고 인정하는데 인색하고 나도 할 만큼은 한다는 자부심에 빠지기 쉽다. 그러나 계량하기가 어려운 것이지 다이빙을 얼마나 잘하고 못하는가를 점수로 나타낼 수 있는 개념은 있다. 만약 완벽한 선생님이 있고 이 선생님이 10명의 다이버들과 장시간 다이빙을 함께 했다면 선생님은 10명의 다이버들을 점수로 평가할 수 있을 것이다. 그러나 완벽한 다이빙 선생님이라는 것은 가정적으로 가능하고 실제로는 선생님(인스트럭터)들 간의 차이가 심하며 클래스에서 점수를 채점하는 과정이 있기는 하지만 헤아릴 수 없는 많은 클래스와 그 교육을 리드하는 수많은 인스트럭터들 간에 편차가 심해서 학력평가 같은 것의 절대적인 실력의 계량화는 불가능하다. 이렇게 개념적으로 채점이 가능하고 현실적으로는 그 방법이 없으므로 해서 다이버들은 스스로 자기 점수를 높이게 되며 이로 인해 사고를 당하는 경우가 많다.

안전한 다이버가 되려면 자기 판단 보다 자신의 채점 점수를 낮추어야 한다. 훨씬 낮추는 것이 아마 맞을 것이며 이런 사고방식은 꾸준히 노력하게 하는 동기를 만들어 줌으로 다이빙 인생을 즐겁게 해주는데 아주 좋은 일이다.

다이빙 기술의 향상은 다이빙을 많이 하는 것에서 그 달성도가 높다. 그러나 아무런 생각이나 목표도 없이 다이빙을 자주 한다는 것도 실력을 향상 시키는 데는 한계를 넘지 못한다. 다이빙할 때마다 다이빙 능력의 향상이 이루어지도록 목표의식을 가져야 한다. 그럼, 편안하고 안전한 다이빙을 즐기기 위해 주의해야 할 사항들이 어떤 것들이 있는지 살펴보자.

① 긴장하지 않는다.

초보자는 긴장되어서 폐의 크기를 크게 유지하고 있을 뿐 아니라 손을 허우적대거나 오리발 동작을 멈추지 않는다. 긴장은 매우 해롭다. 공기가 빨리 떨어지는 사람은 기준하여 다이빙을 끝내는 것이 그룹 다이빙의 기준이지만 가끔 경시될 때도 있으며 조기 출수의 제공자는 눈총을 받는 것 같아 마음이 편하지 않다. 그렇다고 해서 억지로 호흡을 참아서 공기를 아끼는 것은 위험할 뿐만 아니라 시간을 연장시키는 효과도 얻지 못한다. 공기소모율을 줄이려면 "효과성"을 증대시키고 낭비성을 감소시키는 목표적 행동이 필요하다.

② 호흡은 항상 깊고 느리게 한다.

다이빙 교육에서 보통'항상 정상적인 호흡을 하라'고 가르치지만 이는 폐포파열(공기색전증) 사고를 방지하기 위해 초보자가 쉽게 알아들을 수 있는 말을 해주는 것에 불과하다.

다이빙 중에는 항상 깊이 들어 마시고 내쉬되 그 속도를 서서히 하는 호흡을 해야 한다.(즉 정상적인 호흡이 아니다)

③ 호흡리듬을 바꾼다.

사람은 육상에서 평소 호흡을 할 때 숨을 들이마셨다가 바로 내쉰 다음 조금 쉬었다가 다시 숨을 들이마신다. 즉 들숨-날숨-정지-들숨-날숨-정지 이렇게 3박자의 연속으로 한다. 그러나 다이빙 중 호흡은 변형 3박자로 해야 효과적이다. 즉, 들숨-정지-날숨-들숨-정지-날숨의 연속으로 해야 한다. 주의할 것은 위에서 '정지'란 것은 호흡을 정지하는 것과 다르다는 것이다. 지금 당장 당신의 호흡을 느껴보라. 정상적인 호흡에서 "정지"에 해당하는 3번째 박자가 무엇을 뜻하는지 알 수 있다.

폐에서 산소를 호흡하고 이산화탄소를 방출하는 작용은 폐에 공기가 가득 들어있을 때 원활하게 된다. 폐가 비어있는 순간에는 산소를 흡수할 공기가 없다는 사실에 유의해야 한다. 따라서 공기가 가득 들어찬 순간을 더 연장시키는 것이 신진대사에 좋은 것이다. 호흡속도를 빠르게 하면 폐 깊숙이 있는 공기는 교환되지 않고 폐 시스템의 변두리 외곽쪽 공기만 들락거리기 때문에 산소의 흡수는 되지 않고 이산화탄소만 누적되어 호흡이 더 가빠지기만 하고 공기만 낭비된다.

가슴을 팽창시켜 조금 오래 동안 공기를 폐에 간직하고 있을 때 다이버의 몸이 얕은 수심으로 뜨면 위험하지 않을까 생각되겠지만 기도만 열고 있다면 안심해도 된다. 팽창된 공기는 기도를 통해 저절로 빠져나가게 되어 있다.

④ 정공법으로 오리발차기를 하라

에너지를 효과적으로 사용한다는 것은 공기를 적게 사용한다는 말과 같다. 다리를 거의 쭉 펴고 킥의 폭은 짧게 해야 에너지가 효과적으로 추진에 사용된다.

물속에서는 전진 속도든 몸짓이든 모든 행동을 느리게 할수록 에너지 효율적이 된다. 물이란 매질은 공기보다 4배의 저항력을 일으킨다. 발질이든 손짓이든 또는 몸을 돌리는 동작이든 그 속도가 빠를수록 같은 성과를 거두는데 드는 에너지는 기하급수적으로 커진다. 느림보! 느림보! 느림보가 되라. 즉, 물속에서는 천천히 몸을 움직이는 것이 좋다는 뜻이다!

⑤ 몸을 유도탄 모양으로 가꾸라

가능한 몸에서 늘어져 내린 장비를 없애거나 몸에 밀착시킨다. 두 팔을 항상 몸에 붙이는 습관을 가진다. 다이버의 몸이 물속에 구멍을 뚫으며 지나가는 것이라고 생각해야 한다. 머리와 어깨가 뚫어준 구멍을 몸이 지나가면서 이 구멍의 벽에 걸리는 물체가 없어야한다 .밖으로 내민 팔, 구부러져 있는 다리, 처져 있는 오리발 등은 모두 터널의 벽을 긁는 효과(저항)를 일으킨다.

⑥ 꾸준히 체력단련을 한다.

다이빙은 물속에서 이루어지는 활동으로 지상에서 하는 활동보다 체력소모가 많다. 물속에서는 조금만 힘을 써도 호흡이 가빠진다. 체력단련(에어

로빅 능력)이 잘된 사람은 그렇지 못한 사람에 비해 동일한 일량에서 호흡이 빨라지는 속도가 더디게 나타난다. 즉, 체력이 단련되면 안전한 호흡과 패턴으로 재미있는 다이빙을 즐길 수 있다.

⑦ 따뜻하게 다이빙한다.

견딜만한 추위라도 잠수하면 좋지 않다. 추위를 느끼면 인체는 에너지를 더 생산하여 추위와 대응하기 때문에 산소소비량이 증가하고 이는 공기소모율을 높인다. 춥게 다이빙하면 약 20 %의 공기가 더 소비된다고 한다.

⑧ 갈 코스를 머릿속 지도에 먼저 그려 놓는다.

코앞만 보고 전진하면 길을 잃는다. 먼저 다이빙 현장에서 전체를 둘러보고 전진해 갈 방향을 잡은 다음에 그 전진방향을 멀리보아 어떤 코스로 갈 것인지를 결정한다.

쉽게 되돌아오려면 나갔던 코스를 반대로 해서 돌아와야 한다. 같은 코스라 해도 나올 때와 돌아올 때의 수중환경은 맛이 다르므로 심심하지 않다. 되돌아가는 코스를 기억하고 있는 상태에서는 조금 코스를 이탈해서 다른 구경을 하고 복귀할 수 있다.

갔던 길을 정확히 그대로 되돌아오는 방법 말고 코스는 비슷하되 수심을 낮추어서 되돌아오는 것도 아주 좋다. 공기를 덜 쓰게 되고 감압의 부담도 경감되기 때문이다.

⑨ 겸손하고 긍정적으로 다이빙 하자.

상급 다이버는 조금 겸손하게 다이빙하고, 초보 다이버는 조금 더 긍정적인 자세로 다이빙하면 즐겁고 안전하게 다이빙을 즐길 수 있다.

⑩ 수시로 뒤를 확인한다.

갔던 길을 되돌아보면 길이 무척 낯설다. 전혀 다른 모습으로 보인다. 그래서 전진할 때는 자주 뒤를 돌아다보아서 되돌아 갈 때는 그 코스가 어떤 모습으로 보일 것이지 미리 익혀두어야 한다. 목표 자체의 모양도 반대쪽에서 볼 때 전혀 다른 모습으로 보일 때가 많다.

이제 안전하게 스킨다이빙을 할 준비가 되었는가?

그럼 실전으로 들어가 쉽고, 안전하게 스킨다이빙을 배우고 즐겨보자!

물 속 환상의 세상은 여러분을 기다리고 있을 것이다.

chapter 2

스킨다이빙 쉽게 배우기 -실천 편-

1. 스킨다이빙 장비 착용하기
2. 물에 적응하기
3. 마스크와 스노클 사용방법
4. 오리발 신고 발차기
5. 스킨다이빙 기술 익히기
6. 스킨다이빙 기술 응용하기
7. 스킨다이빙 즐기기

chapter 2

스킨다이빙 쉽게 배우기 -실천 편-

1. 스킨다이빙 장비 착용하기

(1) 슈트 착용하기

- 자신의 체형과 다이빙 목적에 적합한 종류의 슈트를 선택한다.
- 여유를 가지고 다리부터 시작하여 천천히 착용한다.

(2) 오리발 착용하기

- 자신의 체형과 다이빙 목적에 적합한 종류의 오리발을 선택한다.
- 한쪽을 먼저 착용하고 나머지를 착용한다.

(3) 마스크 착용하기

- 자신의 얼굴체형에 적합한 마스크를 선택한다.
- 마스크를 착용하기 전 마스크 안쪽에 안티포그액을 발라 김서림을 방

지하는게 좋다.
- 마스크 착용 전 스노클이 적당한 위치에 있는지 확인한다.
- 마스크 뒤 고무 스트렙을 잡고 착용하기 시작하여 얼굴부분을 맞추어 착용한다.

(4) 웨이트밸트 착용하기

- 웨이트밸트의 웨이트 무게가 자신에게 적합한지 확인한다.
- 웨이트벨트의 바클을 왼손으로 잡고 허리를 숙여서 왼쪽에서부터 오른쪽으로 착용한다.

2. 물에 적응하기

(1) 낮은 물에서 적응하기

- 처음부터 깊은 물속에 들어가지 말고, 낮은 수심(1~ 2m)의 지역에서 장비착용을 확인한다.
- 낮은 수심에서 마음의 안정을 줄 수 있도록 천천히 몸을 물에 띄운다.
- 장비 착용 상태를 확인한다.
- 스노클로 천천히 입으로 들숨과 날숨을 연습한다.

(2) 웨이트를 착용하지 않고 수면에서 뜨기

- 웨이트밸트를 처음부터 착용하면 몸이 가라앉는 느낌 때문에 초보자는

무서움을 느낀다.

- 웨이트밸트를 착용하지 않고 수면에서 호흡과 몸상태를 확인한다.

(3) 웨이트를 착용하고 수면에서 뜨기

- 웨이트밸트를 착용하고 수면에서 몸의 중심을 잡을 수 있도록 연습한다.
- 웨이트밸트를 착용하고 수면에서 앞으로 천천히 나가보자.

(4) 귀 압력평형 방법 익히기

- 귀의 압력을 조절하기 위하여 코를 잡고 입을 막은 상태에서 적당한 압력으로 숨을 불어준다.
- 입안에 있는 침을 삼키는 방법도 귀와 부비동 공간에 압력평형을 만들 수 있다.

3. 마스크와 스노클 사용방법

(1) 마스크 물빼기 방법

주의 점) 1. 몸이 최소한 물에 적응된 상태에서 마스크 물빼기를 배운다.
2. 갑자기 마스크에 물이 들어가면 당황하지 않고 대처할 수 있는 방법이다.

- 낮은 수심에서 마스크를 착용한 상태로 살짝 얼굴을 물에 담근 후 마

스크에 물을 넣는다.

- 시선은 하늘을 보고 양손의 집게손가락을 이용하여 마스크를 잡는다.
- 마스크 위 부분은 얼굴에 밀착 시키고 마스크에 아래 부분을 살짝 들어 코로 공기를 배출한다.
- 마스크에 들어있던 물이 코로 불어낸 공기로 인하여 완전히 배출 되었는지 확인한다.

(2) 스노클 물빼기 방법

주의 점) 1. 처음은 낮은 수심에서 연습한다.
2. 스노클을 사용하여 호흡할 때는 천천히 호흡한다.

- 스노클을 착용한 상태에서 얼굴이 완전히 바닥을 보며 스노클 끝으로 물이 들어가게 한다.
- 스노클에 물이 들어간 상태에서 시선은 정면을 보고 스노클에 더 물이 들어가지 않게 한다.
- 입으로 적당히 공기를 밖으로 "투" "투" 하고 두 번 정도 공기를 배출한다.
- 첫 호흡은 천천히 공기를 마시며 스노클 속에 물이 더 없는지 확인한다.

4. 오리발 신고 발차기

(1) 자유형 발차기

주의 점) 1. 엉덩이가 수면위로 올라오거나 오리발이 물 밖으로 너무 많이 나오지 않게 한다.

- 벽을 잡고 다리와 오리발을 바르게 펴서 발차기 준비를 한다.
- 허벅지부터 오리발까지 힘이 고르게 전달 되도록 천천히 한발씩 들어올린다.
- 오리발 면이 수면위에 살짝 올라올 정도로 한발씩 들어올려 적당한 힘으로 물을 눌러준다.
- 벽을 잡고 연습 후 동작이 완성되면 수면에 떠서 연습한다.

(2) 배영 발차기

주의 점) 1. 몸을 수직으로 수면위에 띄운 상태에서 배영 발차기 연습을 한다.

- 벽에 기대어 수면위에 누운 상태로 천장을 바라보고 몸을 완전히 물에 띄운다.
- 허벅지부터 오리발까지 힘이 고르게 전달 되도록 천천히 한발씩 들어올린다.
- 오리발 면이 수면위에 살짝 올라올 정도로 한발씩 들어 올려 적당한 힘으로 물을 눌러준다.
- 벽에 기대어 연습 후 동작이 완성되면 수면에 떠서 연습한다.

(3) 평영 발차기

주의 점) 1. 오리발을 착용한 상태에서 평영 발차기는 오리발이 수면 위로 나오면 안된다.

- 벽을 잡고 몸을 수직으로 만든 상태에서 다리를 어깨보다 조금 넓게 벌린다.
- 다리를 벌린 상태에서 발바닥을 서로 마주보게 만든다.
- 마주보고 있는 발바닥이 서로 만날 때까지 다리를 모아준다.
- 벽을 잡고 연습 후 동작이 완성되면 수면에 떠서 연습한다.

(4) 접영 발차기

주의 점) 1. 오리발을 착용하기 전 지상에서 웨이브 동작을 먼저 연습한다.

- 벽을 잡고 몸을 적당히 숙이고 펴는 동작을 연속하며 웨이브 연습을 한다.
- 웨이브 동작이 완성 되면 수면에 떠서 머리부터 오리발 끝까지 웨이브가 되도록 연습한다.
- 오리발을 착용한 상태에서 강하게 발을 차면 오히려 힘만 들고 동작이 완성되지 않는다.
- 웨이브 동작이 완성되면 수중에서 연습한다.

5. 스킨다이빙 기술 익히기

(1) 사선으로 낮은 수심으로 들어가기

주의 점) 1. 물속에서 최소 20초 숨을 참는 연습 후 20~ 30초 숨 참기가 가능해지면 시작하세요.

2. 다이빙 전 귀 압력평형 방법을 숙달 후 귀 압착 현상이 극복되면 시작하세요.

① 몸을 수면 위에 나란히 하고 가볍게 자유형 발차기로 앞으로 나간다.

② 다이빙 하려는 지점을 보며 허리를 살짝 굽히고 자유형 발차기를 순간 3~ 5회 강하게 찬다.

③ 2~ 3m의 낮은 수심으로 이동하며 잠시 다이빙 후 다시 사선으로 수면 위로 올라온다.

④ 수면 위로 완전히 올라오면 스노클 물빼기 후 안정적인 호흡을 하며 몸 상태를 확인한다.

(2) 머리숙여 수중으로 들어가기

주의 점) 1. 본격적으로 스킨다이빙 기술을 익히기 전 물에 충분히 적응하고 도전하세요.

① 팔은 머리 앞으로 나란히 놓고, 수면으로 천천히 이동한다.

② 다이빙 하려는 지점에 시선을 두고 순간 머리를 숙인다.

③ 시선은 다이빙 지점을 바라보고 앞에 있던 팔을 당겨 차렷자세를 만든다.

④ 머리를 숙이면 자연스럽게 상체와 하체가 따라서 수중으로 들어간다.

⑤ 일정 수심으로 들어가면 자연스럽게 몸을 유지한다.

⑥ 다시 수면 위로 올 때는 마음의 여유를 가지고 주변의 안전상황을 고려하여 올라온다.

⑦ 수면 위로 완전히 올라오면 스노클 물빼기 후 안정적인 호흡을 하며 몸 상태를 확인한다.

(3) 다리먼저 수중으로 들어가기

주의 점) 1. 다리먼저 들어가기는 중급 이상의 실력이 생기면 연습하세요.
2. 다리먼저 들어가기 방법은 깊은 곳에서 순간적으로 수중으로 들어갈 때 활용하세요.

① 다이빙 하려는 지점으로 이동하여 얼굴은 정면으로 보고 몸을 수직으로 만든다.

② 다이빙 준비가 되면 다리를 벌리고 팔은 양 옆으로 수면위에 놓는다.

③ 벌린 다리를 순간 모으고 손바닥의 방향을 하늘로 만든 상태에서 팔은 위로 모아준다.

④ 순간 몸이 물위로 올라왔다가 몸의 무게로 몸이 다시 물속으로 들어간다.

⑤ 몸이 물속으로 들어가면 2~ 3회 같은 동작을 반복하여 3~ 4m 깊이로 내려가면 몸을 정비한다.

⑥ 일정수심에서 몸을 유지 하여 다이빙을 즐기다 수면 위로 올라간다.

⑦ 수면 위로 완전히 올라오면 스노클 물빼기 후 안정적인 호흡을 하며 몸상태를 확인한다.

6. 스킨다이빙 기술 응용하기

(1) V 자 스킨다이빙 기술

주의 점) 1. 스킨다이빙 기술이 숙달되면 도전하세요.

① 출발지점에서 목표지점을 보고 가상의 V 자 모양의 만들어 사전 진행방향을 그려본다.

② 다이빙 하려는 지점을 보며 허리를 살짝 굽히고 발을 차며 목표지점으로 사선이동 한다.

③ V 자 모양의 아래지점까지 내려온다.

④ 다시 수면위로 천천히 사선 이동한다.

⑤ 수면 위로 완전히 올라오면 스노클 물빼기 후 안정적인 호흡을 하며 몸상태를 확인한다.

(2) W 자 스킨다이빙 기술

주의 점) 다이빙 기술이 익숙해지고, 숨 참기가 1분 이상 가능해지면 도전하세요.

① 출발지점에서 목표지점을 보고 가상의 W 자 모양의 만들어 사전 진행방향을 그려본다.

② 다이빙 하려는 지점을 보며 머리를 숙여 발을 차며 목표지점으로 빠르게 이동한다.

③ W 자 모양의 첫 번째 아래지점까지 내려온다.

④ 다시 수면위로 빠르게 이동한다.

⑤ 수면 위로 완전히 올라오면 스노클 물빼기 후 1~ 2번 숨을 쉬고 바로 두 번째 W 아래로 간다.

⑥ W 자 모양의 두 번째 아래지점까지 내려온다.

⑦ 다시 수면위로 빠르게 이동한다.

⑧ 수면 위로 완전히 올라오면 스노클 물빼기 후 안정적인 호흡을 하며 몸상태를 확인한다.

(3) └┘ 스킨다이빙 기술

주의 점) 1. 스킨다이빙 기술이 완전히 숙달되면 하세요.

① 출발지점에서 목표지점을 보고 가상의 └┘ 모양의 만들어 사전 진행 방향을 그려본다.

② 다이빙 하려는 지점을 보며 머리숙여 다이빙 후 발을 차며 빠르게 수직 이동한다.

③ ㄴ 모양의 아래지점까지 내려온다.

④ 바닥에서 이동방향으로 수직 이동한다.

⑤ └┘ 모양의 아래 끝 지점에서 다시 수직으로 수면위로 올라간다.

⑥ 수면 위로 완전히 올라오면 스노클 물빼기 후 안정적인 호흡을 하며 몸상태를 확인한다.

7. 스킨다이빙 즐기기

(1) 다이빙 풀에서 다양한 방법으로 즐기기

스킨다이빙 기술을 익혀서 자유롭게 다이빙이 가능해지면 지금부터는 스킨다이빙을 즐기는 방법에 초점을 맞추어 스포츠레저로서 즐기기 위한 방법을 배우고 즐기면 좋겠다.

① 수중 목표지점에 머무르며 명상하기
② 동료들과 수중에서 가위바위보 하며 놀기
③ 수중에서 360도 몸을 돌리며 놀기
④ 머리를 바닥에 대고 거꾸로 서있기
⑤ 오리발을 벗고 바닥으로 내려가 물속에서 걷기
⑥ 수중에서 자유롭게 다니며 수중카메라 촬영하기

(2) 해양에서 다양한 방법으로 즐기기

스킨다이빙 기술을 수영장에서 완벽하게 익히고 자신감이 생겨서 해양에서 자연과 함께 스킨다이빙을 즐길 준비가 되었다면 해양에서 다양한 방법으로 스킨다이빙을 즐겨보자.

단, 즐기기 전 이것만은 명심하면 좋겠다. 자연은 예측하기 어려운 점이 많으니 조금은 보수적으로 움직이고, 조금 더 여유를 가지고 행동하면 좋겠다.

① 목표지점까지 자유롭게 이동하기

② 동료들과 수중에서 즐기기

③ 중성부력을 유지하며 물에 흐름을 느껴보자

④ 해양자연을 구경하며 여유를 가져보자

⑤ 해양환경을 수중카메라에 담아보자

⑥ 수면에 떠서 자연을 느껴보자

(3) 안전하게 스킨다이빙을 즐기자

자신만의 여가활동으로 스킨다이빙을 즐기려면 다양한 목적과 방법이 있을 것이다. 하지만 해양에서 실제로 스킨다이빙을 하려면 상당한 시간을 연습하여 일정수준의 기술을 익혀서 하는 것이 안전을 보장해 줄 수 있다. 따라서 즐거운 해양레저스포츠로 즐기기 위해서 처음부터 끝까지 여유로운 미음으로 수영장에서 충분히 연습하고 일정수준의 스킨다이빙 기술이 만들어지고 자신감이 생겼을 때 해양에서 하는 것을 추천한다.

이제 이 글을 읽고 있는 독자라면 다른 사람들에게 스킨다이빙을 취미활동 이라고 자신 있게 이야기 할 수준이 되었을 것이다. 무궁무진한 해양환경 속에서 진정한 자유를 느껴보자. 자연은 언제나 여러분의 안전한 도전을 기다리고 있을 것이다.

스킨다이빙 Q & A

스킨다이빙을 현장에서 가르치며 수많은 경험과 질문 받은 내용 중 함께 공유하여 스킨다이빙을 보다 쉽고, 안전하게 즐기는데 도움이 되길 바라는 마음으로 대표적인 질문사례를 소개하려고 한다.

스킨다이빙에 입문하는 많은 분들이 시행착오 없이 안전한 스킨다이빙을 즐기길 바라며 스킨다이빙의 매력 속에서 저 역시 평생을 함께 할 것을 약속한다.

Q1. 스킨다이빙을 잘하려면 수영 연습이 필요한가요?

답변 : 어느 정도는 필요하다고 생각한다. 스킨다이빙만 꾸준히 연습해도 취미생활로 즐기는데 문제는 없지만 어느 정도 수준 이상의 실력을 만들고 싶다면 주 1~ 2회 정도의 수영연습을 권장하고 있다.

Q2. 스킨다이빙은 몇 살부터 배우는 것이 좋을까요?

답변 : 수영은 보통 6~ 9살 정도에 입문하는 것을 권장한다. 하지만 스킨다이빙은 최소 9살 이상이 입문 시기로 적당하다고 생각한다. 그 이유는 스킨 장비의 도움으로 수영보다 쉽게 배우는 장점이 있지만 수영보다 깊은 수심에서 이루어지는 환경적 요소 때문에 아주 작은 실수나 부주의가 사고로 연결되면 위험 할 수 있기 때문이다.

Q3. 스킨다이빙과 프리다이빙의 차이가 무엇인가요?

답변 : 일반적인 정의를 살펴보면 스킨다이빙은 수심 10m 이내에서 즐기는 다이빙을 의미하고, 프리다이빙은 수심 10m 이상에서 즐기는 다이빙을 의미한다. 하지만 스킨다이빙을 잘하는 사람들은 10m 이상을 다이빙한 경험을 가지고 있을 것이다. 나의 개인적인 의견으로는 프리다이빙이 깊은 수심에 들어가기 위한 준비단계로 호흡법과 다이빙 기술을 더 중점적으로 가르치고, 연습하는 부분이 있지만 스킨다이빙을 연습하고 즐기다보면 아주 자연스럽게 10m 보다 더 깊은 수심에서 상당시간 있을 수 있는 능력이 생긴다.

나의 경우 수영을 전공하고, 스킨다이빙을 한 경력이 오래되어 좋은 해양 환경에서는 20m 이상의 깊이에서도 상당히 긴 시간 스킨다이빙을 즐기기도 한다.

Q4. 스킨다이빙은 다이빙 풀(5m)에서 연습해야 하나요?

답변 : 꼭 다이빙 풀에서 연습해야 실력이 좋아진다고 생각하지는 않는다. 물론 일반 수영장에서 스킨다이빙 기술을 연습하는데 한계가 있지만 다이빙 풀에 갈 시간과 여건이 안된다면 일반 수영장에서도 연습하고, 다이빙

풀에 가서도 연습해도 비슷하다고 생각한다. 어디서 연습을 하느냐 하는 문제도 중요하지만 얼마나 꾸준히 연습 하느냐가 더 중요한 요소라고 생각한다.

Q5. 스킨다이빙으로 물속에서 얼마나 있을 수 있나요?

답변 : 참 많이 물어보시는 질문이다. 물속에서 있는 시간에 정답은 없다고 생각한다. 안전을 위해서 일반인들은 1분 30초 이상은 하지 말라고 조언하고 있다. 스킨다이빙 이라는 종목의 특성상 숨을 참고 일정시간을 수중에 머물러야 하기 때문에 시간은 매우 중요하다. 개인마다 그 편차도 매우 크다.
1분 30초 이하로 활동을 제한하는 이유와 원리는 매우 복잡하지만 나의 대답은 간단하다.
"스킨다이빙은 최대한 안전한 스포츠 활동이 되어야 하기 때문입니다!"
스킨다이빙 활동으로 다른 사람들에게 과시하거나 너무 무리한 행동은 사고로 연결 된다는 점을 숙지하길 바란다.

Q6. 일반핀(오리발)과 롱핀의 차이가 무엇인가요?

답변 : 일반핀은 우리가 일반적인 수중 활동에서 사용하는 핀이고, 롱핀은 더 오랜 시간 더 깊은 수심을 이동하기에 적합한 형태라고 할 수 있다. 스킨다이빙을 하는 목적 이라면 일반적인 사이즈의 일반핀을 추천하고, 프리다이빙을 목적으로 더 오랜 시간 다이빙을 원한다면 롱핀이 좋을 것이다.
레저를 목적으로 '스킨다이빙을 할 것인가?' 아니면 '프리다이빙을 할 것인가?' 의 문제는 여러분 개인의 결정이라고 생각하고, 장비구입 문제는 스킨다이빙 아니면 프리다이빙에 맞는 장비를 구입하고, 사용하길 권하고 싶다.

Q7. 스킨다이빙을 잘하면 스쿠버다이빙도 잘하게 되나요?

답변 : 수영을 잘하면 스킨다이빙을 잘하는데 도움이 되고, 스킨다이빙을 잘하면 스쿠버다이빙을 잘하는데 도움이 된다고 생각한다.

이제 스킨다이빙을 시작하자!

즐겁고, 안전하게....

참고문헌

구자광(2013). 스노클링, 스킨다이빙. Scuba Media.

김상겸, 이병두, 정창호(2015). 스포츠 스쿠버 다이빙(초급편). 도서출판 씨코.

노재헌(2010). 관광목적지 선택속성과 관광 참가만족 및 방문의도 간의 관계, 미간행 박사학위논문. 경희대학교 대학원.

이병두, 정창호(2013). 다이빙 백과사전. 도서출판 씨코.

임기현(2011). 해양레저스포츠 마케팅전략에 따른 관여도와 신뢰가 고객충성도에 미치는 영향. 미간행 박사학위논문. 목포대학교 대학원.

유동균(2013). 해양레저스포츠의 참여동기, 선택속성, 만족도 및 구매 후 행동과의 관계. 미간행 박사학위논문. 국민대학교 대학원

지삼업(2011). 해양스포츠론. 서울: 대경북스.

DENNIS K. GRAVER(2009). SCUBA DIVING- 4th Edition. Human Kinetics.

Jerry Schnabel & Susan L. Swygert(1993). Diving and Snorkeling Guide to St. Maarten, Saba, and St. Eustatius (Pisces Diving &Snorkeling Guides). Pisces Books.

Michael Lawrence & Mike Lawrence(1999). Diving &Snorkeling Dominica. Lonely Planet Pisces Book.

저자소개

유 동 균

학력) 국민대학교 대학원 이학박사

현) 명지대학교 미래융합대학 사회교육원
스포츠레저교육 주임교수

현) 사단법인 한국시큐리티융합경영학회 이사

현) 사단법인 대한스포츠지도자협회 이사

현) 대전광역시 철인3종 협회 이사

현) 스킨스쿠버 강사 / 수상인명구조 강사 /
응급처치 강사 / 수상구조사

전) 세한대학교 생활체육학과 교수

전) 건국대, 중앙대, 재능대, 초당대, 한라대 출강

전) 미국 뉴욕 CK Sports Club Swimming Coach

전) 서울시대표 수영선수

정 수 봉

학력) 국민대학교 대학원 체육학과 박사 과정
- 미국 뉴욕시립대학교 브르클린컬리지 석사 졸업(City University of NY at Brooklyn College)

현) 명지대학교 미래융합대학 사회교육원 스포츠레저교육 지도교수

현) 국민대학교 스포츠과학연구소 연구원

현) 스킨스쿠버 / 응급처치 강사

전) 한국스포츠개발원 정책개발실 보조연구원

전) 미국 뉴욕 CK Sports Club Head Coach